美国访学

——一个旅游学者的经历

张金霞　著

武汉理工大学出版社

图书在版编目(CIP)数据

美国访学:一个旅游学者的经历/张金霞著.—武汉:武汉理工大学出版社,2018.5
ISBN 978-7-5629-5736-2

Ⅰ.①美…　Ⅱ.①张…　Ⅲ.①文化教育—研究—美国　Ⅳ.①G40-055

中国版本图书馆 CIP 数据核字(2018)第 098907 号

项目负责人:李兰英　　**责任编辑**:李兰英
责 任 校 对:刘　凯　　**封面设计**:博壹臻远
出 版 发 行:武汉理工大学出版社
网　　　址:http://www.wutp.com.cn
地　　　址:武汉市洪山区珞狮路 122 号
邮　　　编:430070
印　刷　者:武汉中远印务有限公司
发　行　者:各地新华书店
开　　　本:710mm×1000mm　1/16
印　　　张:12.5
字　　　数:245 千字
版　　　次:2018 年 5 月第 1 版
印　　　次:2018 年 5 月第 1 次印刷
定　　　价:69.00 元

前 言

为什么要写这本书呢？首先，我能在52岁时来到美国作访问学者着实不易，这不仅是对年龄的挑战，对身体、心理和语言的挑战，同时也是一个很好的励志故事，它激励着我不断前行，也希望能激励其他人。因此，我希望这本书能给予其他人一些启迪与帮助。其次，在美国近一年的时间，我接触到美国社会的方方面面，这里的大学、这里的山水、这里的城市、这里的教堂、这里的人、这里的事，都给我留下了难忘的回忆，它们让我感触太多太多，也让我收获太多太多，它们是那样鲜活，时常在我眼前浮现。我希望这本书记录下我在美国宾夕法尼亚州匹兹堡市（Pittsburgh）罗伯特·莫里斯大学（Rorbet Morris University，简称RMU）商学院访学的经历和我在美国的所见所闻，我希望它成为我美国之行的见证。再次，写作这本书离不开领导、同事和家人的鼓励与支持。他们告诉我：你的经历是独特的，值得回忆与纪念，你又是旅游管理专业的教授，你完全有能力完成这项工作。他们的话语亲切，充满了激励，给了我莫大的信心。最终，我决定对自己的美国之行作一个总结与回顾，于是成就了这本书《美国访学——一个旅游学者的经历》。

在写作这本书的过程中，我寝食难安，茶饮不思，像着了魔一样，天天脑子里都想着这本书，从构思结构，到整理大量手记和大量照片，再到润色文字，这是我2017年整个暑假所做的唯一的事情。

这本书倾注了我大量的心血，她就像我的孩子一样，我希望她健康、完美。

现在书已出版，但我仍然忐忑不安，望同行和朋友给予批评指正。

最后，以此书献给热爱旅游的人和我爱的人。

张金霞

2017年12月

目 录

我的访学经历

有一句老话说得好："活到老学到老。"我需要充电，需要进取，需要再次起航。另一方面就是实现我的青春梦。过去没有机会，现在正赶上中国发展的大好时代，学校鼓励教师出国深造，我也希望出国学到先进的理念、先进的理论和方法，以便更好地回报祖国、回报我热爱的教育事业。借政策的春风，我要漂洋过海到远方去，了解真实的美国，圆自己曾经的梦想！

★★★

初到美利坚

很多人不理解，我为什么要在年过半百的时候，选择到美国匹兹堡市罗伯特·莫里斯大学作访问学者？实际上有两方面原因，一方面是我在工作中感到知识陈旧，视野不够开阔，也缺乏创造力，有一句老话说得好："活到老学到老。"我需要充电，需要进取，需要再次起航。另一方面就是实现我的青春梦。过去没有机会，现在正赶上中国发展的大好时代，学校鼓励教师出国深造，我也希望出国学到先进的理念、先进的理论和方法，以便更好地回报祖国，回报我热爱的教育事业。借政策的东风，我要漂洋过海到远方去，了解真实的美国，圆自己曾经的梦想！

当然，为了实现这个梦想，没有起码的英语知识不行。为此，我开始拼搏，努力学习英语。我拿起了多年未碰的英语书本，和年轻人一起练习听说读写。多少个黑夜白天，我满脑子里想的都是英语，尽管自己的英语水平没有突飞猛进，但进步不小，这让我增添了信心，真正敢于走出国门，敢于向我的年龄挑战。

从西安外国语大学学习英语回到武汉后，我就开始办理出国事宜，但是出国手续如此烦琐，也是我始料不及的，学校有各种手续需要办理，我还要到市外事办公室走各种程序，因此我的心一直不能平静下来，也没有心情做其他事情，当然更不可能安排其他活动，什么计划中的西藏游、新疆游，统统让位，这些旅行计划只能期待来年了。终于在 2016 年 8 月下旬，一切搞定，接下来也一切顺利，按计划我从武汉出发，途经北京、底特律（Detroit），最后到达匹兹堡。

第一次一个人出远门，我充满期盼，但未知的前途让我忐忑不安。此次，我乘坐的是美国达美航空的飞机，全机 200 多人，绝大部分是学生模样的乘客，有高中生、大学生、研究生，他们不远万里到美国求学，绝大部分都是一人出行，当然也有结伴而行的，看来现在的年轻人独立性还是很强的。飞机上乘客大多比较友好，但也碰到一位奇葩的乘客，看样子是一位美国男士，坐在过道旁边，别人一不小心碰到他，他就要大叫一声，或者使劲地推别人一下。看来，有些美国人素质也相当差啊！

◆美国达美航空的飞机

2016年9月1日（美国时间），我终于踏上了美利坚的土地，第一站就是底特律，我需要在这里办理入境手续，然后转机前往匹兹堡。走下飞机，满眼都是金发碧眼的外国人，环顾四周，我发现底特律的机场很大，也很现代化。身在异乡，举目无亲让我紧张不安，但遇到的机场工作人员都很热情，这让我紧张的心情有所缓解。我随着人流来到通关处，我的运气却不够好，过海关竟花去了近一个小时，不是因为他们的刁难，而是他们的计算机不给力，我反反复复按了4次手印才被放行，心里的一块石头才落了地。

晚上11点多，飞机终于缓缓地降落到匹兹堡机场，热情友好的屠教授早已等候在此，在异国他乡有这样一位联系人真好！我终于呼吸到美利坚的空气，踏上了这块向往已久的土地。接下来将近一年的学习生活可能是我人生的第一次，也可能是最后一次，也将是最大的一次挑战。既来之，则安之。我将尽快适应美国的学习和生活，迎接美好的明天！

特别注意

★ 做好到美国的身体、心理和语言准备；

★ 出境手续比较复杂，初次出国的人士最好交给专业人士办理；

★ 在美国要特别注意人身与财产安全，晚上最好不要外出；

★ 美国人大多比较友好，喜欢向陌生人打招呼，要注意礼貌，维护中国人的形象。

报　到

第一次来到这块向往已久的土地，时逢周末，且正值美国劳动节放假一天，因而连续休息了三天。对我来说，正好倒倒时差，三天过去了，我虽然在逐渐适应，但仍然晕乎乎的。周二，一个晴朗的天，阳光灿烂，朵朵白云飘浮在空中，在屠教授的陪同下，我来到罗伯特·莫里斯大学。

这是一所美丽的大学。它坐落在一片丘陵之中，据说这里以前是一个牧场。走进大学，满眼都是绿色，四周是郁郁葱葱的原始次生林，山坡上是修剪整齐的绿色草坪，中间低洼处是一片高大而笔直的松林，而在建筑和停车场的周围以及道路的两旁，是一排排观赏树，间或是布局独特的花坛，只见各种花儿竞相开放，姹紫嫣红，它们装扮着这所大学，让这所大学变得生机勃勃。所有这一切，让人赏心悦目。

这是一所有着近百年历史的私立大学。它建于 1921 年，第一任校长是曾担任美国财政部部长的罗伯特·莫里斯先生，如今在校园的一处花园里，还有他的雕像。学校以会计学科起家，目前已发展为五个学院，分别是商学院，传播与信息系统学院，教育与社会科学学院，工程、数学和科学学院，护理与健康科学学院。学校以本科教育为主，同时也培养硕士与博士；办学经费主要来自学生学费和私人捐助，少量来自政府拨款，学生学费在美国不算高，约 2 万美元，学生可申请奖学金。目前在校生 5358 人（本科生 4486 人，研究生为 872 人），男生占 54%，女生占 46%，学生来自于 45 个州和 41 个 国家，是一所国际化大学，这所学校大部分国际学生来自中东地区，而中国学生比较少，我只碰到了三位中国学生，他们都获得了全额或部分奖学金的资助。班级规模平均为 21.6 人。全校教职工人数为 636 人，其中全日制教师为 183 人，生师比为 15：1。学校设施十分完善。在屠教授的带领下，我参观了教室、办公室、图书馆、食堂、健身中心、体育场等。环境最好的当属图书馆了，这里安静极了，抬眼望去，窗明几净，布局十分人性化，凳子大多是软椅或沙发，图书也比较丰富，学子们在课余来到这里或博览群书，或做作业、写论文，而食堂也比较特别，因为它是全天候开放，师生们任何时候都可以来此享受美食，遗憾的是这里只供应西餐。

◆学校标牌

◆学校图书馆

◆商学院大楼

◆罗伯特·莫里斯先生的雕像

参观完学校，在屠教授的带领下，我来到商学院，一一拜访了商学院的领导，分别向他们送上我从国内带来的具有中国特色的小礼品，他们也对我的到来表示了诚挚的欢迎。商学院的领导班子精简、干练，只有一位院长，一位副院长，且两位都是女性，另外一位是院长助理，他们都有一双和善而睿智的眼睛，来自不同的国家，这充分显示了美国的包容性与多元化。若没有特殊情况，他们几乎天天来到学校办公，找院长是一件很容易的事情，当然必须事先预约。接着，我又拜访了旅游系和营销系的系主任，同样也送去了小礼品，送上了我的祝福，他们对我也是热情有加，特别是旅游系的主任，是一位 70 岁的老教授，他回赠了两本英文版的书，分别为《旅游学导论》和《赌场操作与管理》。接下来，我又拜访了学校国际中心的主任，国际中心位于山坳里的一幢楼房里，这里空间不大，人员不多，但环境整洁，布局井井有条。因为我的来美文件都是出自这里，今日拜访，一方面是为了感谢他们，另一方面我也需要在这里注册。迎面见到一位笑容满面的女士，她就是国际中心的主任了，50 岁开外，十分干练，曾经到过中国，对中国有着强烈的好感，这顿时拉近了我们之间的距离。同样，我也呈上了事先准备好的礼品，我们交谈得轻松愉快，我的手续办理得很顺利。

一个上午，在屠教授的帮助下，我顺利地完成了报到任务。在接下来一年的时光里，我将在这个美丽的校园里学习和工作，开启一段新的、富有挑战的人生。

教学与科研

一年的时间里，我与罗伯特·莫里斯大学的师生在一起学习交流，深深感到罗伯特·莫里斯大学在以下方面值得我们学习与借鉴：

●师资要求

他们引进老师的决定权在教务部门，而不在人事部门；师资要求学历为博士，当然也有例外，如行业翘楚和特殊人才，商学院的教师队伍中就有电视节目主持人和越战老兵等；教师的考核主要从教学、科研和社会服务三个方面进行，特别是社会服务方面，每个老师都必须在学校至少两个委员会中任职，有的老师甚至任职于 6 个委员会，在委员会任职纯属义务，没有报酬；很多老师还担任了多家杂志的审稿人，这也

◆教师的风采

是没有报酬的；老师们都非常敬业，责任心强，每位老师都有一间独立的办公室，他们一般至少提前十分钟到达教室，而且十分注重仪容仪表。这所大学的教学、科研和社会服务是评价一个老师的基本标准，当然也是职称评定的重要指标，任何一个指标不合格，都可一票否决。

●开设课程

每个专业都有完整的培养方案和教学计划，课程分为基础课和专业课，有相应学分，这些都会在校内网上公布，由学生网上选课，学生修满学分才能毕业。每位老师每学期至少上三门课。每学期都有网课，主要为那些在职的学生开设，老师自由报名，网课要求老师录成小视频，同样计课时与学分。

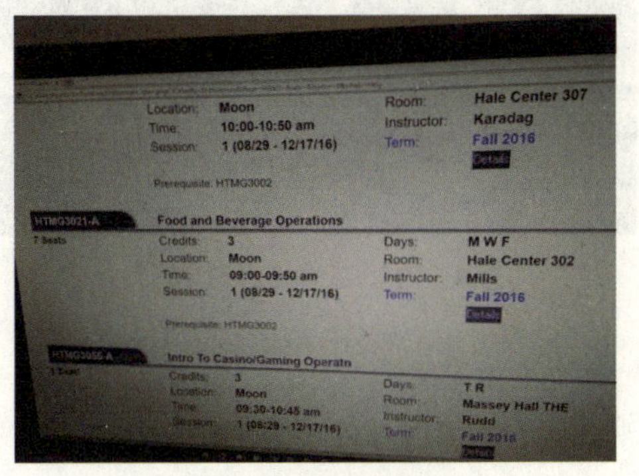

◆作者选修的部分课程

●上课方式

学生没有固定教材，由于教材昂贵，

◆学生们在上课

◆学生们在餐厅学习

学校也不强制学生购买教材；老师备课认真，准备充分，他们熟悉教学内容，全部脱稿讲授，充分利用多媒体、视频、道具等，每个课程单元都会给学生发放课程大纲和相应的补充材料，让学生预习或复习；平时，老师与学生主要通过E-mail联系；上课时，采用互动教学模式，学生积极配合，课堂气氛十分活跃；老师上课内容深入浅出，理论联系实际，常常会请行业人士进行讲解，或要求学生到企业体验或调查，并提交社会调查报告；每个单元都有小测验，记入平时成绩；每门课程几乎都有分组讨论，以小组或以个人形式展示，充分锻炼学生独立思考、表达和反应能力。除教室外，图书馆、教学楼里的咖啡室以及餐厅也是学习的好地方，学生边品着咖啡，边吃着汉堡和比萨，边学习；在这里，学习是一件快乐但并非轻松的事情，校园里看到的都是学生匆匆而过的身影。如果你学习有困难，比如你不会写论文，你可以预约到学习中心的老师那里要求给予专门指导。

●教学管理

学生学习目标明确，专业思想稳定，换专业的情况在这里很少发生，倒是有很多在职的学生，他们利用业余时间来学校学习充电。学生权力很大，可以随时投诉老师，当然老师的自主权限也很大，老师在学生面前很有权威，离学期结束前两周，任课老师发放教学评估表让学生打分；每一个任课老师办公室门前都会贴上来办公的时间，学生可以根据老师作息时间来访。商学院只有 40 多位老师，却有 1500 位各种层次的学生，而领导班子很精简，正副院长各一名及一名院长助理，他们每天来学校上班，处理对内对外各种事务。商学院办公楼只有三层楼，每个楼层设一个办公室加一个秘书，负责处理老师的日常教学事务。学院每月有一次全院大会，通报各种信息，主要是学院的教学与科研等情况，学院经常举行各种秀，比如婴儿秀、生日秀等，这可是老师们沟通的好机会，而老师之间平时主要通过 E-mail 进行沟通与联系。

●科研管理

学校和学院对老师的科研要求越来越高，要求老师五年内至少发表两篇有分量的文章，五年考核一次，因为在美国论文发表周期很长，投稿后至少需要一至两年才可能发表，需要交版面费的论文学校不予承认，而老师的科研情况与职称和奖金挂钩，这方面由院长把关，也就是说院长有绝对的权力。学院每年也发布一些课题，鼓励老师申报，并给予一定经费支持。学院和学校定期都有学术交流活动，这一切都大大促进了老师们科研的积极性和参与性。

◆行业人士在为学生讲解

学术交流

美国大学学术水平世界一流，自然与其重视科研密不可分。作为一所小有影响的地方性应用型大学——罗伯特·莫里斯大学自然也不例外。在美国的一年访学期间，我参加了这所学校组织的各种规模的学术活动。

●学校的学术活动

组织大型学术交流活动是学校国际中心的职责，他们每年都会从世界各地请来相关专业的知名学者来学校做学术报告，一日、多日，或更长时间不等，前来参加的主要是学校的老师。国际中心会提前一周把学术活动的信息通过邮件的形式发到每一位老师的邮箱里，老师们根据自己的时间进行安排。当然，如果老师确定参加，一定要给主办者一个回执。学校也会定期请本州本市的各界精英前来演讲，他们的选题很广泛，可以涉及政治、经济、文化和科技等各个方面，有时是多个专家一起邀请，每人发表一段演讲，这种活动也欢迎学生前来参与。不管何种形式的演讲，每次演讲最后，一定会预留足够的时间进行问答与讨论。也有专门针对学生的演讲，一般会安排在课余，晚 6 点到 8 点。学校也会为老师们安排类似沙龙的学术活动，或在图书馆一角，或在院会议室，老师们可以把自己最新的研究成果展示给大家，大家一起分享与讨论，气氛十分热烈。

◆教师在图书馆作学术报告

●学院的学术活动

各个学院每年会定期举行学术研讨活动，一般为每月两三次，主要是利用中午的时间，在美国没有午休之说，除了午餐，中午仍然是上班时间，老师们轮流在全院老师面前展示自己的研究成果。同样，每次讲座都会通过邮件提前发出通知，老师们自由参加，一般来说老师们报名都非常踊跃，院领导也非常重视，会尽量抽出时间参加此类学术活动，老师们讨论也是相当热烈。这样的学术活动已经成为学院的常态，它大大地提高了老师们开展科研活动的积极性。

●作者的学术报告

作为一名访问学者，我有幸获得一次在商学院进行学术报告的机会。在商学院领导的支持下，在商学院屠教授和杨教授的运作下，2017 年 3 月，我在商学院会议室作了《中国公民赴美旅游研究》的报告。虽然本人的英文水平欠佳，但学院领导高度重视，老师们也踊跃报名参加。因为这是商学院第一次由一位中国学者进行学术报告。的确，近些年来，由于中国经济的快速发展，只要涉及中国的话题，老师们都饶有兴趣。30 分钟的时间内，我向老师们分析中国公民赴美旅游的特征、问题和未来的发展趋势，从老师们专注的眼神，我感觉到他们对我所讲的内容非常感兴趣，老师们也提出了他们关心的话题，讨论十分热烈，这一切得益于中国经济的快速发展，得益于中国在世界上地位的逐步提高啊！报告受到老师们一致肯定，应该说这是一次成功的学术报告，对我来说，这是我访学生涯的一份收获，一份荣誉，它激励着我不断前行。

值得一提的是，在美国大学，无论何种形式的讲座或报告，都备有茶点或自助餐，师生们边品尝美味边听讲座或报告，气氛十分轻松愉快。

◆作者在商学院作学术报告

★★★

教师印象

●屠教授

对我来说，屠教授是我的一位贵人。

屠教授是一位热心肠、性格开朗的中年男士。我能如此顺利地前往罗伯特·莫里斯大学进行访学，我的赴美手续办理得如此迅速，我能在很短的时间内在美国安顿下来，适应美国的生活、学习与工作，这一切都得益于屠教授的帮助。让我终生难忘的是，当我刚到美国时，屠教授为我接风洗尘；当我要离开美国时，屠教授为我饯行；当我遇到困难时，屠教授都第一时间赶到，这一切的一切，我记忆犹新，历历在目。在此，我要对屠教授说声“谢谢”。

屠教授是一位努力上进、治学严谨的学者。屠教授凭着他的智慧与才干，在美国站稳脚跟，早早就成为罗伯特·莫里斯大学的终身教授，并获得了教授职称。每个星期，屠教授至少有三天时间全天候待在学校。上课之余，他把大部分精力都投入到科研之中，申请课题、写论文、出书……除了完成本校的科研任务以外，他还积极与国内多所大学合作，是国内多所大学的特聘教授，也是一位楚天学者，每年他都至少两次往返于中美之间，这不得不让我肃然起敬，他是在美华人奋斗的典型代表。在我访学期间，他不断地鼓励我，鞭策我，我们一起写论文，一起申报课题，我在院里作学术报告之前，他更是不厌其烦地指导我，给了我很多宝贵的意见，他让我在美访学期间受益匪浅，他是我的良师益友。

屠教授是一位责任心强、和蔼可亲的父亲。在美国打拼多年，屠教授有了一个幸福的家庭，一位同样是博士教授的漂亮妻子和三个活泼可爱的女儿。由于中年得女，屠教授自然把女儿看得很重要，在她们身上倾注了很多的精力和很多的爱。尽管工作繁忙，屠教授仍然每天都会到幼儿园去接送他的女儿们，每每谈到他的女儿们，屠教授总是春风满面，从他的脸上，我深深地感到他那浓浓的父爱和超级的幸福感，在此，祝屠教授一家永远幸福美满！

◆作者与屠教授合影

●**杨老师**

对我来说，杨老师是我在美国结识的一位好朋友。

她是一位勤奋的年轻学者。杨老师来美已十余年，从硕士、博士，然后到罗伯特·莫里斯大学的终身教授，并拥有了副教授职称，她是一个对自己要求很高也十分严谨的学者。为了这份事业，我总是看见她忙碌的身影，忙上课、忙科研、忙着为大家服务。交流中，得知她每学期至少上三门课程，对待教学，她的认真和严谨在学校是有口皆碑的。她每年的科研成果在商学院也是名列前茅；与此同时，她还在学校六个委员会进行义务服务，每月还要筹划、组织商学院的学术研讨活动；她还是美国多个经济学杂志的审稿人；每年她还要参加两三次的国内外学术会议。是的，她太忙了，自然无暇顾及自己的私生活，但她却有一位善解人意的好丈夫，在此，祝福杨教授幸福永远！

她是一位爱笑的武汉女士。可能因为是老乡吧，我们有着天然的亲近感。在美访学期间，她给了我很多无私的帮助。工作之余，她向我介绍罗伯特·莫里斯大学和美国其他大学的教学和科研情况；周末，她带我去奥特莱斯购物；她筹划并组织了我在商学院的学术报告，为了我能顺利地进行学术报告，她牺牲自己的业余时间，不辞辛劳为我纠正发音，修改提纲，从她身上，我学到努力、坚韧与严谨的品质，在此，向杨老师致敬！

◆作者与杨老师合影（中间为杨老师）

● **米尔斯(Mills)教授**

他是一位十分注重仪表的教授。没来美国之前，常常听说美国老师上课随意，穿着背心、短裤、拖鞋就会来到教室，讲课时也是活泼异常，有时还会坐到桌子上。但是，米尔斯教授却给了我一个全新的印象，每每见到他时，他总是穿戴整齐，而且大多时候都是西装革履。

他是一位典型的双师型教师。在没来到大学教书之前，他是一家电视台餐饮节目主持人，同时也是一位厨师。为了能来大学工作，他攻读了博士学位，渊博的知识，加上十分了得的口才，上课对他来说是轻车熟路，信手拈来。在讲课中，他能充分发挥自己的行业背景优势，时常邀请一些酒店或餐馆的主管前来现身说法，充分体现了理论与实践的完美结合。

他是一位典型的美国人。他很富有，家族有公司和农场，家底十分丰厚；他也有些高傲，走起路来，总是高高地昂着头，目不斜视。但是他不想坐享其成，他不是为了钱、为了生存来做老师，他只是热爱教育事业，想做点自己喜欢和有意义的工作。每星期至少三天，他总是提前来到办公室，提前来到教室，他的讲课内容丰富，富有激情，深得学生的喜爱。

◆作者与米尔斯教授合影

●**陆克文(Rudd)教授**

他是一位老者。陆克文教授已经70岁了，虽然头发白了，但他精神饱满，仍然活跃在教师岗位上。相比在中国，上了70岁的老教师，大多已退休，少数德高望重的老教授也很少上讲台了，在美国这却是很常见的事，只要你健康，只要你头脑清晰、思维敏捷，只要你愿意，你就可以在大学里一直干下去。

他是一位老兵，曾经参加过越南战争。在战争中，他的双腿受伤致残，但他身残志不残。退役后，他攻读了博士学位，然后来到这所大学任教。说到美国老兵，美国人都十分尊敬他们，还专门确立了每年的11月11日为"老兵节"。每年的这一天，全国放假一天，还会举行各种纪念活动。对美国人来说，无论战争是正义还是非正义，这些为国浴血奋战的老兵都是值得尊敬的，很多地方还建立了纪念馆或博物馆来缅怀他们。而教授作为一名老兵，自然也受到学校师生的尊敬。

他是一位和蔼可亲、令人尊敬的教授。现在他仍担任着旅游系的系主任，也是本学科的首席教授。几乎每天，他都会拄着双拐，开车来到学校，或上课，或研究，或处理一些行政事务。他主要教授的课程是"赌场操作与管理"，这门课是学校最受欢迎的课程之一，而他的讲课，也是旁征博引，风趣幽默，因而他的课堂经常是座无虚席，选修的学生最多。我初来乍到，也深深地感受到他的友好与善意，这不，他还专门送了两本书给我，一本是《旅游学导论》，另一本是《赌场操作与管理》。

◆作者与陆克文教授合影

特别注意

★ 美国是世界上高等教育最发达的国家，这里名校林立，是中国访问学者首选的地方；

★ 到美国访学，机会难得，要全方位考察美国大学的教学与科研状况，掌握先进的教学理念、教学方法、管理方法及前沿的学科理论；

★ 多与师生交流，感受美国的校园文化。

我的考察经历

匹兹堡地处宾夕法尼亚州（简称宾州）西南部，是宾州仅次于费城（Philadelphia）的第二大城市。阿勒格尼河、莫农加希拉河（Monongahela River）和俄亥俄河（Ohio River）在这里交汇，造就了这座城市独特的地理格局，同时也使这座城市风景宜人，多次被评为全美最适宜居住的城市。

第一次远行

各种机缘巧合，让我选择了到美国匹兹堡罗伯特·莫里斯大学作访问学者。匹兹堡地处宾夕法尼亚州（简称“宾州”）西南部，是宾州仅次于费城（Philadelphia）的第二大城市。阿勒格尼河、莫农加希拉河（Monongahela River）和俄亥俄河（Ohio River）在这里交汇，造就了这座城市独特的地理格局，同时也使这座城市风景宜人，多次被评为全美最适宜居住的城市。然而，外面的世界更精彩，作为旅游专业的教授，我憧憬着走出去，去看一看这大千世界，这对我的教学与科研是有益的。正值金秋时节，我开启了来到美国后的第一次远行。

◆三河交汇的匹兹堡

●令人向往的布法罗

记得刚来匹兹堡的头几天，感觉就像被扔到了一个孤岛上，求生存成为我来美国的第一要务，后来在屠教授和一些好心的中国老师的帮助下，我慢慢适应了这里的生活，忙碌了一段时间后，基本生存条件已具备，我需要走出去，了解一下美国。正好两位在布法罗（Buffalo）做访问学者的朋友将要结束她们的访学生涯，月底就要回中国了，非常欢迎我前去造访。难得的机会摆在我的面前，来一个说走就走的旅行，到布法罗去！

经过比较，从匹兹堡到布法罗，我决定乘坐灰狗巴士（Greyhound Bus），这是最经济的选择了。尽管这趟旅程需要花费 4 个多小时，但目前我唯一不缺的就是时间，心动不如行动，我马上在网上买了车票。

9 月 22 日，我第一次走出匹兹堡，既忐忑，又有些小激动。

由于我的住所在匹兹堡市月亮镇（Moon Township），离车站太远，最快捷的方式只有打的。第一次通过电话预订的士对我来说都是一次不小的挑战，好在有惊无险，早上 6：00，的士准时出现，汽车行驶 20 多分钟就到了车站，但这趟的士价格不菲，花费 41.5 美元（含 4 美元的小费），比到布法罗的车票还贵呢！真是伤不起啊！

◆匹兹堡的灰狗车站

8：45 汽车准时出发，那是一个风和日丽的日子，一路交通畅通，道路两旁林木葱郁，蔚蓝的天上白云朵朵，我的心情开始变得无比愉快！生活在这样的环境中，是多么让人羡慕啊！联想到国内城市，特别是大城市，大部分时间被雾霾困扰，偶尔出现的蓝天白云常常会让人惊喜无比！

再看看这里的高速公路，路并不宽，车辆很多，但是因为人们比较守规矩，所以看不到堵车的现象。

然而，这种好心情马上开始变坏了。这趟 4 个多小时的旅程变成了 9 个小时，因为乘客必须在伊利市（Erir）转乘，而这个地方平时需要等候 4 个小时，那天竟然让我们等候了 5 个小时，汽车才姗姗而来。漫长的等待真让人焦虑，但奇怪的是似乎只有我心情比较急迫，到窗口焦急地询问了两次，而其他美国人却见怪不怪，沉稳得很，安静地等着，一点怨言也没有。如果是在中国……这真是一个奇怪的国家！难道真是因为文明程度高，时间很充裕吗？

在这漫长的等待中，我碰到一个有趣的男人，不停地和我交谈，他个子不高，自称42岁，工程师，来自葡萄牙，家里有6个孩子，结过两次婚。说起他的孩子，他是眉飞色舞，手舞足蹈，快乐得不行！他带着口音，话不太好懂，我大致听了个所以然，但也很感激他，给我在这漫长难熬的旅程中增添了一份乐趣！

下午4点半，我们终于坐上到布法罗的汽车，想到马上要见到久违的朋友，我的心情又开始变好了。汽车越来越靠近布法罗，一片片葡萄园出现在眼前，这里葡萄树比较低矮，完全不同于法国波尔多的葡萄园里的。据资料介绍，布法罗可是美国的葡萄酒之乡呢！在葡萄酒分类中它属于新世界葡萄酒，而欧洲盛产的葡萄酒则属于旧世界葡萄酒①，如果有机会一定要带点回去。

◆异国他乡的相逢

汽车加速前进，想着这美味的葡萄酒，不知不觉中，我们安全抵达布法罗，比预想的时间早到了一点，而好朋友也刚好来车站接我，在异国他乡见到好朋友，有着说不完的话，道不完的情。晚上吃着好友做的饭，喝着葡萄酒，一切是那么亲切！那么惬意！这在我人生中是一件十分难得的经历！

特别注意

★ 布法罗是美国纽约州第二大城市，可以选择多种交通方式，巴士最为经济，但是最费时；
★ 布法罗市内交通方便，可以到达各知名景点、商业中心等；
★ 布法罗也是美国葡萄酒之乡，一定要品尝当地的葡萄酒。

① 旧世界葡萄酒主要产于欧洲传统的葡萄酒生产国，如西班牙、意大利和法国等，而新世界葡萄酒主要产于欧洲之外的其他新兴葡萄酒生产国家，如美国、澳大利亚和南非等。

●令人惊叹的尼亚加拉大瀑布

一大早，随朋友来到她所在的尼亚加拉大学（NU），顺便参观了她们学校。这是一所有着一百多年历史的教会学校，弥漫着天主教的气息。学校不大，没有围墙，由于位于尼亚加拉（Niagara）河畔，风景自然十分优美，建筑井井有条，布局合理，也有点古色古香，是一所非常安静祥和的学校。它不同于罗伯特·莫里斯大学（RMU），这里的中国访问学者和留学生比较多，我有幸见到了几位，他们对我十分热情。中午，朋友的老师请她吃自助餐，我也沾了个光，这可是我来美国吃的最好的一餐了！

◆建于 1856 年的尼亚加拉大学

◆充满着教会气息的教学楼

中午，朋友把我送上公交车，我就直奔尼亚加拉大瀑布（Niagara Falls）国家公园，开始了我一个人的尼亚加拉大瀑布之旅。说到尼亚加拉，它本身就是一个旅游城，旅游业是它的支柱产业，这里的配套设施十分完善，有赌场，甚至还有中文标识，看来来此旅游的中国人应该不少。每年夏季是这里的旅游旺季，那时人满为患，房价等自然也水涨船高，而当时正值秋季，天气已经转凉，但是慕名而来的游人还是不少，尼亚加拉大瀑布公园（Niagara Falls Park）部分景点每年十月份会关闭。

◆尼亚加拉大瀑布欢迎牌

一走进尼亚加拉大瀑布国家公园，就能听到巨大的轰鸣声，循声而去，尼亚加拉大瀑布豁然出现在眼前，它位于伊利湖和安大略湖之间，是尼亚加拉河的源头，

◆雾中看瀑布

也是美国和加拿大的分界线，号称世界第三大瀑布，美国这边是一个直线形的瀑布，中间被山石隔断，另一边就是加拿大更为壮观的马蹄形瀑布。怎样观赏这举世闻名的大瀑布呢？

首先，乘坐“雾中少女号”游船自然是首选了，花上 18.25 美元，穿上雨衣，我就开始了尼亚加拉大瀑布的神奇之旅。游船准时起航，只见不远处一个巨大的水帘横空出世，湍急的水流直泻而下；再往前，就看到一个更为壮观的马蹄形瀑布（在加拿大的岸边可直接观赏，而在美国就只能在船上观赏了），我们的船逐渐向瀑布中心靠拢，只见巨浪翻滚着，雾气越来越大，风越来越急，声音越来越大，大家被雾气包围着，什么也看不见了，尽管都穿着雨衣，但仍无济于事，瞬间我的衣服就被溅湿了，大家不约而同地发出惊叫声，如此近距离地观赏瀑布，如此穿越瀑布，真是太有趣了，太刺激了！

其次，到卢娜（Luna）岛上看瀑布。从这里可以近距离地俯瞰瀑布，往远处看，来自上游的湍急的水流翻滚着白色的巨浪，来势汹汹，汇聚在这里正好碰上一个巨大的断层，水流急速而下，形成了壮观的瀑布。这画面太美了，即使站在这里静静地看着它，也是一种美的享受，让人久久不愿离去。

◆ 阳光下的瀑布

◆阴云密布下的瀑布

◆风洞下看瀑布

再次，一定不能错过的是风洞（Cave of the wind），这又是一处亲近瀑布的好去处。花上 17 美元，换上凉鞋，穿上雨衣，坐上电梯直达大瀑布的底部，按着规划的路线，就可以走进瀑布，亲近瀑布，接受瀑布的洗礼了。这是一次美妙的体验，大水倾泻而下，水雾蒸腾，一切都在朦胧中，自然是无法拍照，而且当时正值秋天，水太凉了，如此近距离亲近瀑布，还是需要一些勇气的。尽管恋恋不舍，但山风吹着，身体要紧，此地不宜久留。

最后，就是夜观瀑布了。一般只有星期一、星期三、星期五晚上才能夜观瀑布，那天正好是星期五，也是机缘了。晚上两位朋友也赶来了，而且还给我带来了衣服，真是贴心。我们三个人一直守到十点，就是为了观看烟花怒放下的瀑布夜景。的确，晚上的瀑布又增添了一些妩媚，在两岸灯光的照射下，瀑布的色彩变化着，呈现出蓝色、紫色、红色、绿色的光芒，再加上天空中美丽的烟花，把瀑布映衬得分外妖娆，这又是一次不一样的体验！

◆夜幕下的瀑布

大瀑布之旅结束了，而它留给我的念想，我将终生难忘。当然，这次大瀑布之旅也有些美中不足，一是一个人的旅程不免显得形单影只，照个美照都很难，特别遗憾的是我竟忘了带相机；二是天公不作美，那天是一个阴天，由于天气渐凉，观赏瀑布的地方也有点冷飕飕的，特别是间或有些小雨，手机也没能照出瀑布妙曼的身姿，留下了一丝遗憾！

- ★ 游览大瀑布最好选择风和日丽的天气，晴天的大瀑布更为壮观美丽；
- ★ 游览大瀑布最好结伴而行，这样才能留下你最美的身影；
- ★ 游览大瀑布最好从不同的角度、不同的时段来观赏，注意每周一、周三、周五晚上有焰火；
- ★ 注意“雾中少女号”观瀑船和“风洞”冬季关闭，具体开放日期视天气情况而定，一般于每年4月或5月至10月下旬。

一次不寻常的旅行——波多黎各之旅

来到美国已经一月有余，今天开启了来美的第二次旅行——波多黎各之旅，波多黎各是世界著名的海岛度假胜地。我在美国乘坐飞机出行是第一次，而且是与旅居美国休斯敦的二哥二嫂一起去度假，真是一次难得的机会，一次不寻常的旅行！

这个目的地很特别，相比于美国这样一个只有两百多年历史的国家来说，波多黎各有着厚重的历史和不寻常的经历，目前是美国的一个自治邦，据说岛上60%以上的居民愿意归属美国，但美国政府不同意，真是一个特别而神奇的地方！

比起美国大陆，波多黎各的消费水平比较高，虽是淡季，房价还是高于一般的旅游城市。如果是旺季，这里将是一房难求，据说我们当时住的100多美元一间的房子，会涨到300美元。尽管沾了二哥二嫂的光，但是6天的旅程仍然花费了700多美元，真是价格不菲啊！

为了省钱，我在Priceline网站上订了特价机票。计划10月6日早上4：00起床，赶6：00的飞机。也许是兴奋，也许是担心，也许是期待，总之，一晚上都没睡好，上帝保佑，一切如我所愿，预约的司机4：15就来了，为了这次不寻常的旅行，我也是拼了！

匹兹堡到波多黎各，需要在芝加哥（Chicago）转机。

从匹兹堡到芝加哥，一切顺利，但是来到芝加哥后就没那么幸运了，早上匹兹堡还是晴空万里，但是到达芝加哥却下起了雨，这是不是受到热带气旋的影响？那么波多黎各的天气真像二嫂所说的有暴雨？无数的担心萦绕在心头。飞机在芝加哥果然晚点了40多分钟，而乘客们见怪不怪、泰然自若，没有丝毫怨言，让我不得不佩服他们的修养了！

从匹兹堡到芝加哥的空中飞行服务很特别，竟是两个空中爷爷唱主角。相比国内航班上看到的都是青春靓丽的空姐和英俊潇洒的空少，美国航班上的乘务员普遍年龄偏大，也不一定要漂亮养眼，这两位就已经是头发花白了！

特别巧合的是，从匹兹堡到芝加哥的飞机上，本来我的座位是24B，但鬼使神差我坐到了25B，当然也就将错就错了，而从芝加哥到圣胡安（San Juan），我的位子本来就是25B，更巧的是10月25号正是我的生日，难道这次旅行是为我的生日开的聚会？

●多彩之旅

如果不是在美国，如果没有二哥二嫂的安排，可能这辈子我也不会来到这块多彩的土地，因为它离中国太远了，况且世界上还有那么多岛屿，波多黎各自然不在计划之内，但是世界上没有不可能的事。波多黎各，我还是来了！

经过7个多小时的旅程，从匹兹堡出发，经芝加哥转机，走进波多黎各，犹如走进一个多彩的世界。

☆湛蓝色的天空

这是加勒比海地区离美国最近的一个岛屿，湛蓝的天空是它的基调。当然，天空也是洁净而多变的，一会儿乌云密布，一会儿倾盆大雨，一会儿晴空万里，但大多时候是湛蓝色的。

◆圣胡安岛的天空

☆ 蔚蓝色的海水

◆圣胡安岛的海景

波多黎各是由本岛圣胡安和几个小岛组成的，本岛东西长 180 公里，南北长 65 公里，生活在这里的人们，走不了多远就能到达海边。这深邃辽阔的加勒比海，让人不禁想起地中海，一样的美丽！一样的迷人!在波多黎各的几日，每天我们都来到海边，聆听大海的涛声，欣赏潮涨潮落和翻卷的浪花，感受细软的海滩和海滩上的芸芸众生。

☆ 绿色的热带植物

放眼望去，岛上是满眼的绿色。由于这里属热带海洋性气候，湿热多变的天气十分适合植物的生长。国家雨林公园（National Rainforest Park）是我们此行的一个重要目的地，它基本还处于原始状态，如果不是想拿一份地图，其实进入这个公园是可以不花钱的，但由于我们不知情，每人花了 4 美元，进入游客中心去了解一些热带雨林知识，逛纪念品商店，然后稍微休整了一下，就乘车开始了我们的热带雨林之旅。

◆热带雨林中的瀑布

在这片热带雨林之中，竟然还有一个西班牙人留下的瞭望塔，登上瞭望塔，雨林风光尽收眼底。原来，本岛圣胡安是由火山喷发形成的，岛上地形多样，有平原、丘陵、山地，最高海拔有 900 多米！为了感受热带雨林的神奇，我们选择了从大树到大瀑布的密林穿越，只见各种树木——乔木、灌木、草本植物、苔藓、寄生植物、藤本植物等盘根错节，遮天蔽日，长势良好，其中不乏一些几百年的大树，伴随着雨林的是溪流、瀑布以及瀑布下游泳的游客。其实，穿越在这密林之中，滋味可不是那么好受，刚才还是晴空万里，马上就是大雨倾盆，我们个个都被淋成了“落汤鸡”，而且还有不知名的毒虫，不经意间就被咬了几个包，奇痒无比，几天都不消！走出密林，满眼仍是绿色，最多的是椰子树和各种棕榈科的植物，当然还有各种奇花异草，它们生机盎然，装扮着这个美丽的热带雨林，也装扮着这个美丽的岛屿。

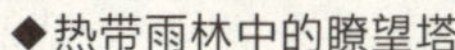

◆热带雨林中的瞭望塔

◆热带雨林中盘根错节的树木

☆ **五彩的建筑**

无论是老城区还是新城区，我们经过的城镇，除了首府圣胡安，还有克布拉迪亚斯（Quebradillas）、阿瓜迪亚（Aguadilla）、蓬塞（Ponce）等。他们的居民楼、酒店、政府机构、商铺、教堂都是彩色的，赤橙黄绿青蓝紫样样俱全。在这里，每栋建筑无论是建筑风格还是色彩几乎没有重样的。街道上，随处可见巨幅彩色壁画和各种花哨的涂鸦，加上家家户户用花草来装饰，每个城镇都是一个个花花绿绿的世界，在这样的城镇中行走，让人赏心悦目，流连忘返。这里的居民大多为西班牙人后裔，想必他们的民族是一个热情奔放、热爱生活的民族！

◆彩色的建筑

☆ 花哨的餐厅

除了一些诸如麦当劳、肯德基、汉堡王等快餐外，当地的餐馆都被装饰得花花绿绿的，风景画、人物画、各种植物花草，以及各种有趣的小物件，如风铃、吊坠、雕像都可以成为他们装饰的一部分，让人在酒足饭饱之余，欣赏这多彩的世界。说到吃，实在不敢恭维，慕名去吃一道波多黎各招牌菜——Mofongo，据说是把羊角香蕉、肉或海产品捣碎，再放入美味的大蒜和番茄酱搅拌而成，颜色和形状煞似好看，但中看不中吃。不管怎样，我们享受了当地的美食，也算不虚此行了！

◆花哨的餐厅

◆波多黎各招牌菜——Mofongo

波多黎各，一个多彩的地方，让我不得不说喜欢你！

● 古城之旅

对于美国来说，有着这样一个 400 多年历史的地方——波多黎各，的确非同凡响。

这是一个有着历史厚重感的地方，15 世纪末哥伦布第二次环球旅行时发现了这个岛屿，为了把这块宝地变为殖民地，西班牙殖民者不惜杀光这里的原居民——印第安人。为了寻求美好的生活，一批批西班牙人开始移居于此。与此同时，他们开始了从非洲贩卖奴隶。几个世纪过去了，如今这里白人、黑人和混血人种都有。

这块富庶的土地自然也引起了其他西方列强的觊觎，从 16 世纪到 19 世纪，英国、荷兰等列强先后攻占这里，但都以失败而告终。19 世纪末，西班牙殖民者遇到了强大的美国人的进攻，才不得不放弃对这块土地的占有，从此，这里成为美国的一个自治邦。

在主岛圣胡安的东边就是老城区了，那里保存着一些古迹，其中最有名的自然是两处古堡——圣克里斯托瓦尔堡与莫罗城堡。它们是16世纪初开始建设的，经过几个世纪才逐渐形成现在这个规模。古堡建于古城东边的悬崖峭壁之上，居高临下，视野开阔，能很好地观察敌情，是一个重要的战略要地。城堡有四五层高，用砖石垒成，如今仍然非常坚固。在城堡内，还能看到当年留下的炮弹、士兵的盔甲、床铺和行囊。遥想当年，这两处城堡一定在保卫这块殖民地的战斗中立下了汗马功劳！如今，古堡对外开放，游人流连其中，不禁感慨万千：曾几何时，这里是腥风血雨，战火连天啊！可见，任何一块土地都得来不易，而保卫它更是不易啊！我们一层一层地仔细观看，细细品味，望着这些斑驳且长着青苔的墙体，仿佛回到了那战火纷飞的年代！另一方面这里又是观景的绝佳之处，面向加勒比海，海天一色，帆船点点，一片祥和！让人惊喜的是，透过观景平台，我看到一处礁石上竟停歇着一只彩色的蜥蜴。

◆圣克里斯托瓦尔堡

◆莫罗城堡

◆ 城堡内斑驳且长着青苔的墙体

◆礁石上的蜥蜴

◆浩瀚的加勒比海

来到这里，你只需花上 5 美元，就能游览两个古堡，而且还能坐上两个古堡间的穿梭巴士（shutter），观赏古城内 12 处漂亮的景点，虽然司机每到一处都认真地介绍，但用的却是西班牙语，我们哪能听得懂？但不管怎么说，这样的安排的确物有所值。

除了城堡，古城还遗留下总督府、古城门等古迹，以及大量具有西班牙风格的彩色的房屋。我们花了半天时间，徜徉在古城之中，穿梭于大街小巷，欣赏古老的房屋，砖石地面，窄窄的街道，尽情地感受古城带给我们的震撼。

◆总督府

◆古城一角

朋友们，来波多黎各吧！吃海鲜，喝郎姆酒，品咖啡，叹历史，感受热带风情。

●神奇之旅

别克斯岛（Vieques）是邻近波多黎各主岛圣胡安的最大一个离岛，因为能在岛上观赏罕见的荧光海而成为旅游胜地。10 月 7 日一大早，我们一行开着在机场阿拉莫（Alamo）租车公司租到的一个红色、宽敞且很新的现代牌小汽车，开启了我们的神奇之旅。

没想到，本来想早点赶到法哈多（Fajardo）码头让小汽车乘轮渡（Ferry）过海，但是人算不如天算，由于运载量有限，当然也是为了别克斯岛旅游业的发展，小汽车乘轮渡过海需要提前预约，且名额有限。现在，我们唯一的选择就是把小汽车停在法哈多码头停车场，然后坐船过去。

经过一个半小时的航行，轮船终于靠岸。别克斯岛的码头太小了，设施也很陈旧，这与它作为世界旅游胜地的名声不符啊！炽热的阳光照得我们睁不开眼睛，正在一筹莫展之时，当地人却十分热情，不厌其烦地为我们指路。怎么到达我们事先租好的家庭旅馆呢？求助于房东，我们很快租到一辆破旧的越野车，每天 50 美元，随便开。七拐八拐，车主带我们来到了一处山坡上的海景别墅（Ocean View White House），这里至少有四间房屋，八张床，住四个家庭都没问题，而我们现在只有三个人，实在有点浪费。这里环境相当好，别墅面朝大海，视野开阔，一个非常漂亮的地方！

◆漂亮的海景房

预约观看荧光海的项目是晚上 7：30，一看时间还早，我们放下行囊，决定先来个环岛游。岛屿不大，平均海拔 300 米，地形却很复杂，崎岖不平，道路狭窄，忽上忽下，路况不太好，好在二哥车技了得，我们一路有惊无险，感慨良多。

☆　美丽的海湾

我们的车沿着北部海岸往西前行，边走边赏景，看到美景就停下来，也许这就是自驾的好处吧！小岛处处是景，海湾的美丽风光更是让人目不暇接。在这里，你能随处感受到大海的深邃广阔、沙滩的洁净细腻、椰林的摇曳多姿，还能看到成片的红树林以及很多不知名的树木、花草……但我觉得最美的却是这里变幻莫测的云彩。走向一处长堤，远远望去，白云、蓝天与大海是那么完美地融合在一起，让人久久不愿离去。除了美景，北部海岸最重要的娱乐项目就是乘飞机在小岛上空翱翔。当然我们一行人是不可能参加这个项目了。从地图上，我们看到小岛的最西端有两处特色海滩——绿海滩和黑沙滩，于是决定前往观赏。我们的小汽车一直穿行于密林之中，走在崎岖的道路上，这里几乎荒无人烟，而我们的车况也不太好，二嫂有些害怕，最后只好放弃行程，留下了一点遗憾。

◆别克斯岛的美景（一）

◆别克斯岛的美景（二）

整体来看，海岛的北部还基本处于初级开发阶段，游人、餐馆与酒店大多都集中在海岛的南部，南部大大小小的海湾很多，个个如梦如幻，美不胜收，但我认为最漂亮的是太阳湾，我无法用言语表达我对它的喜爱，只觉得它美得让人窒息。太阳湾不大，呈半圆形，在这里，你可以静静地坐下来欣赏四周的景色，也可以下海去游游泳，

◆美丽的太阳湾

冲冲浪；或者坐在椰树下，沐浴着斑驳的阳光，听着涛声，看着白浪，踩着细沙，感觉太爽了！

☆ 悠闲的野马

这里到处是悠闲的野马，街道上，草地上，森林里，无论是白天还是黑夜，随处可见游荡的野马，它们静静地吃着草，自由自在地生活在这片土地上，呈现出一幅人与自然和谐的画面。我在想，生活在这里的马不用干活，到处自由地行走，有着吃不完的青草，它们是何等幸福！

◆草地上悠闲的野马

☆ 奇妙的荧光海

这里最为神奇的旅游项目当然就是观赏荧光海了，其实，观赏荧光海最好的日子是农历的月头和月尾，而满月时是最差的，我们来的时间正好介于中间，还算运气不错。按照事先的预订，我们在太阳湾第一停车场等候。夜幕终于降临了，一拨拨慕名而来的旅游者赶到这里，但是我们到得太早，只好耐心地等待领队的到来，当然也只好被迫忍受着蚊虫的叮咬了。说起蚊子，真是太可怕了！二嫂去问了个路，身上就被咬了十几个疙瘩，一般的驱虫液根本不起作用，必须用强效的，可我们没准备呀！晚上 7：30 我们的领队准时到达，他非常有经验地让我们喷了当地的驱蚊液，果真蚊子不叮咬了。我们这个旅游团一共有 6 个旅游者，大家一起乘坐旅游团的车从太阳湾出发，大约 10 分钟的路程，就来到了真正观荧光海的海湾——莫斯克托湾（Mosquito Bay）。夜幕下，依稀可以看到整个海湾，这几乎是一个封闭的海湾，只有一个很窄的地方通向大海，在这个神奇的海湾里，生长着一种神奇的微生物，只要搅动海水，就能发出神奇的蓝光。

我们 3 人乘坐一个木筏，这是我第一次用桨在海湾里划船，划得还很不错，每划一下，水面就会出现一道道蓝光，让人惊诧无比！而当我用手撩起海水时，我惊奇地发现它闪烁着钻石一般或者说星星一般的光芒，绚烂无比，让人眩晕。而我们的船边，也时不时会出现一道道蓝光，原来是一条条鱼儿游过，真是太神奇了！

在领队的指挥下，我们一行人奋力向前划行，很快木筏就划到出海口附近，然后折回来停在海湾中间，听领队讲荧光海的故事，虽然他那西班牙腔调的英语很难懂，但我们也听了个大概，关于荧光海的形成也与我们事先了解的八九不离十。形成这种奇景，也是需要一定条件的——热带海洋性气候，几乎封闭的海湾，适宜一种能发光的微生物的生长。目前世界上出现这种奇景的地方只有五处，两处在澳大利亚，三处在波多黎各，而这里是世界上最著名的观荧光海的地方，一生中能有机会观赏一次荧光海，真是人生之大幸啊！当然，这也得益于来美国做访问学者的机会，以及托二哥二嫂的福。领队的故事讲完了，我们的木筏开始往回划，到达岸边，用时差不多 90 分钟，本来此行是十分圆满的，但我在上岸时一个趔趄没站稳，掉进了海水里，结果全身湿透，膝盖还轻微擦伤，唉！又亲近了一次大海！好在衣服湿了也不算大事，在海风的吹拂下，一会儿就干了。

尽管荧光海是那样地美丽，那样地神奇，但在夜幕下，也没能留下什么照片，我们只能用心去感受，用回忆去纪念！在夜幕下，在海湾里，仰望群星，静静地划着木筏，看着水面一道道蓝光，这难道不是人生最快乐的事吗?

☆ 慵散的居民

在别克斯岛上的时间不长，但通过短暂的接触，我们深感这里的民风十分纯朴。岛上的居民大多属于西班牙人后裔，主要讲西班牙语，他们讲话节奏感很强，还带着弹舌音，中国人很难发出这种音调；入住的家庭旅馆不见主人；还车时车主也迟迟不见身影，只好随便放在马路边，他们也毫不在乎；这里的人说话也不算数，说 1 美元一个椰子，最后变成 2 美元一个，指路却十分热情，不厌其烦。一方水土养一方人，这就是别克斯岛！一个慵懒的地方，一个值得让人回忆的地方！

总之，这是一次不寻常的旅行，由于正值淡季，游人比较少，我们能尽情享受这难得的休闲时光，收获多多，感慨多多！但也留下些许遗憾，比如想看一些博物馆、纪念馆之类的一个也没看成，要么三点钟就停止售票，早早关门了，要么正赶上星期一、二关门两天，这里的确与别处不一样！

特别注意

- ★ 波多黎各是美国的一个自治邦，位于加勒比海地区，景色宜人，海岛风情独具特色，虽然路途遥远，但绝对是值得一游的地方；
- ★ 到波多黎各旅游，最好在机场租车，进行一场环岛旅行；
- ★ 波多黎各的主岛圣胡安是首府所在地，最值得一游的是西班牙时期的古城堡，而别克斯岛周边的荧光海是世界上难得一见的奇观，千万不要错过，且一定要提前在网上预订；
- ★ 波多黎各是热带岛屿，全年适合旅游，只需准备夏装，并做好防晒、防风和防雨措施；
- ★ 波多黎各全年湿热，蚊子又多又大又毒，一般的防蚊液不起作用，要购买当地的强效防蚊液。

浮光掠影之华盛顿、巴尔的摩和费城

●初游华盛顿

华盛顿是美国的首都，一个高大上的地方，白宫、国会山、五角大楼……一个个如雷贯耳的名字，一个个影响世界的决策从这里诞生。来到美国，如果不去华盛顿，可以说枉到了美国。这不，机会来了，从匹兹堡华人群里得知有几位中国访问学者想去那里，我迫不及待地加入了这个团队，以满足我的心愿。

☆友情的可贵

11月18日，一个秋高气爽的日子，我们的团队出发了。这次出游主要利用周末，时间不长，但让我体会到了在异国他乡友情的可贵。我们团队一共5人，其中4位都是匹兹堡大学计算机实验室的访问学者，只有我是一个外来者。陈老师不仅是这次活动的发起者和组织者，更是一位热心的男士，整个行程，租车、开车、还车基本上都是陈老师一个人承担了，最后还把我们一一送到了家，想必陈老师最后到家一定很晚了，特别是因为我住得远，他和其他老师一起不辞辛劳地来接我、送我，让我感到十分温暖。更让人想不到的是，旅途中，陈老师还带上了电饭煲和大米，亲自为大家煮稀饭，真让人感动！他是我来美国后遇到的最温暖的老师。谢谢你，陈老师！

☆意外的罚款

几乎到中午了，我们一行才离开匹兹堡前往目的地，一路全程高速。美国的高速公路时速各个路段不同，一般限速为每小时50~70迈（mile），陈老师可能比较兴奋，一不小心车速就达到92迈。突然，陈老师发现有警车跟踪，我们只好把车停在路边，只见一个高大威猛、荷枪实弹的警察走过来说："为什么不靠边停车？请出示你的证件。"听说，在美国遇到这种情况最好不要动，更不能下车，司机应该把手放在方向盘上，否则警察认为你想反抗，当然就有权动枪了。遇到这等事，大家全吓蒙了，大气也不敢出一下，原来我们已严重超速，由于大家英文都不太好，只好自认倒霉，乖乖

◆白宫

地接受罚款。这罚款还很重：156 美元，也不知是怎么算出来的，这是我在美国自驾游中第一次遭遇罚款！也为我们敲响了警钟，开车一定要守规矩，千万不要超速！

☆ 气度不凡的首都

来到华盛顿已是下午 4 点钟了，首先映入眼帘的是华盛顿标志性的建筑——华盛顿纪念碑，随后我们发现，它是华盛顿的中心，无论在哪个方向，我们都能看到它，华盛顿的布局还真是独具匠心啊！停好车，我们来到了美国的白宫，它跟想象中的差不多，一幢白色、精致的欧式建筑。据说，提前几个月网上预约，也是有可能进入内部参观的，当然对我们来说是不可能的了，我们只能透过栅栏远远地观赏。白宫的前面和后面都聚集了很多游人，仔细观看，发现白宫屋顶上竟有一些荷枪实弹的警察，而周边警察就更多了。一位同伴想与警察合影，被拒绝了，他们纪律还是很严的。我们来到白宫后面，透过一片草坪，华盛顿纪念碑就耸立在眼前，只见它简洁明快，直插云霄，让人肃然起敬，它是为纪念美国独立战争胜利而立的，以美国第一任总统的名字命名。离开华盛顿纪念碑，我们驱车来到国会山，比起白宫，虽同样是白色，却是穹隆式屋顶，让它显得更为富丽堂皇，气度不凡！难怪人们常常把它误认为白宫。当然，由于天色已晚，

◆华盛顿纪念碑

◆国会山

◆林肯纪念馆

自然也不能走进去看看，只能拍照留念了。这时，天色已慢慢暗下来了，我们却还有很多地方没有去，只能抓紧时间参观一下林肯纪念馆。林肯纪念馆是为纪念解放黑奴的林肯总统而建的，与很多纪念馆不同，这里没有大书特书他的丰功伟绩，大厅中，只有一个高大的汉白玉林肯坐像，只见他目光炯炯，看着远方，而远方正是华盛顿纪念碑！

放眼望去，此时的华盛顿，已是华灯初上，这次我们匆匆而来，匆匆而去，但愿有机会再一次目睹你的风采！

●再游华盛顿

没多久，又一个机会来了！在春暖花开的季节，4月1日，伯尔菲尔德教堂（Bellefield Church）组织国际学生游览华盛顿，我有幸又一次来到华盛顿。4月的华盛顿因为樱花盛开吸引了无数游人，而我也来凑热闹，当然，也是来弥补上次的缺憾。再次造访让我更加了解这个城市，也更加喜欢这个美丽的首都。

☆ 奔腾而泻的大瀑布

一路上，同伴们兴奋不已，不知不觉中，车已快到华盛顿特区了，这时天下起蒙蒙细雨，而我们的车拐向一个河畔公园，这是我们来华盛顿特区的第一个景点。这个河畔公园因大瀑布（Great Falls）而出名，因为发源于美国东部阿巴拉契亚山脉西麓的波托马克河（Potomac River）自上游奔腾而下，进入华盛顿特区后遇上大片尖锐岩石横阻，形成大瀑布。只见它奔腾而下，在嵯峨的岩石中咆哮，惊心动魄，很远我们都能听到它的轰鸣声。大瀑布沿岸有很多观景台，观景台上栈道木栏设施齐

◆大瀑布游客中心

◆奔腾而泻的大瀑布

全，游客可以从不同的角度观赏大瀑布的美景。那天虽然老天爷不给力，下起了小雨，但在蒙蒙细雨中观看瀑布却别有一番情趣！

☆ 中西合璧的家庭

经过教会的安排，我有幸与两位年轻小伙伴一起住进了一个教友家里，这是一个中西合璧的家庭，男主人是美国人，在华盛顿商务部任职，女主人是全职太太，来自中国。在异国他乡遇到中国人，大家都倍感亲切，女主人很兴奋，全程用中文与我们交流，而男主人在中国工作过，也会一些中文，他总是和善、温和地看着我们说话。主人家有三个孩子，一个已经工作，另外两个正在读大学，都不在家，但从他们家走廊里孩子们从小到大的合影，见证了孩子们的成长经历，也见证了这个温馨而幸福的家庭！更为巧合的是，第二天，正值男主人生日，我们一起分享了女主人精心准备的生日蛋糕，一起见证了他们夫妇的甜蜜时刻！

◆男主人的生日蛋糕

◆与主人一家的合影

☆ 美丽的樱花

春天的华盛顿，到处盛开着鲜花，其中最具特色的当然就是樱花了。街道上，房前屋后，到处可见樱花的踪影，但最为壮观、最为出名的是林肯纪念馆和华盛顿纪念碑周边的樱花，那里的樱花成片分布，完全是一片花的海洋。在那里，你会在每一个游人的脸上都看到花样的欢乐与满足！

◆美丽的樱花

☆ 集中连片的博物馆

◆博物馆远眺

华盛顿有 16 个大型博物馆，包括美国历史博物馆、国家自然历史博物馆、美国航空航天博物馆、佛利尔博物馆、阿瑟·萨克勒博物馆、艺术与工业展览馆、何尔松博物馆、非洲艺术博物馆、国家肖像馆、国家邮政博物馆、任维克工艺美术馆和美国艺术博物馆等，而且全部免费，由于时间有限，我们只能选择两个博物馆进行游览。

史密森尼国家自然历史博物馆是我们的首选，它开馆于 1910 年，展品达一亿二千万余件，这里还是著名电影《博物馆惊魂夜》的拍摄地。进入大厅，首先映入眼帘的是一头非洲野象的标本，只见它昂头扬鼻，迎接客人的到来。据说该标本高达 4 米，为世人所见的最大野象。进入展厅，从恐龙化石到各种珍贵动物标本，以及各种珍稀矿石等一一呈现，让我们目不暇接，也让我们流连忘返，短短的一个小时，博物馆给我们上了一节生动的自然历史课。

◆国家自然历史博物馆内非洲野象标本

接下来，我们参观了号称为全美最受欢迎的博物馆——美国航空航天博物馆。它开馆于1976年7月，是全世界首屈一指的有关飞行的专题博物馆，这里收集了具有重要历史意义和代表尖端技术的飞机、宇航器、火箭、导弹、各种航空发动机、推进器等。此外，还有大量模型、飞行服、奖品、仪器、飞行设备，以及著名发明家、飞行员、重要航空史实的遗留物。其中大多数藏品都是实物，如莱特兄弟的飞机、阿波罗11号返回舱等，只有少量是复制品。航空航天博物馆凝聚着美国的飞行历史，也记载着整个人类的飞行之梦。在这里，我们领略到了自然天体的神秘，科学与技术的精深，更领略到了人类的智慧、力量和不懈的探索。

◆美国航空航天博物馆的展品

●巴尔的摩篇

巴尔的摩是美国马里兰州最大的城市，也是美国大西洋沿岸重要的港口城市，这里也是我们此行的住宿之地。随行的老师已订了一家民宿，价格不菲，一晚168美元，刚好够我们五人入住，而且这里设施齐全，布置得很温馨，想必主人是一个热爱生活的人吧！

☆巴尔的摩，美国东部的一个重要城市

首先，巴尔的摩是一个重要的历史文化之城。这里有很多反映美国早期历史的文化珍品和纪念遗址，美国独立战争期间，当英国军队威胁费城时，这里曾一度是美国的战时首都，也是美国国歌的诞生地，有“不朽城”之称。这里文化设施众多，有图书馆、博物馆、美术馆、歌剧院和剧场等。沃尔特斯艺术陈列馆是美国收藏品最丰富的艺术馆之一，藏有从古埃及到20世纪初期的艺术品2.5万件；巴尔的摩艺术博物馆则以陈列欧美各国的绘画和雕刻著称；著名的巴尔的摩俄亥俄运输博物馆则以保存各种火车头，展现机车发展历史著称；麦克亨利堡，曾在第二次英美战争期间作为前哨阵地抗击英军；而芒特弗农广场上耸立着华盛顿纪念碑（建于 1815 年，高 62 米）和麦克亨利堡保卫战战斗纪念碑。《巴尔的摩太阳报》常刊载系统而又深入的新闻，是美国 10 大名报之一。总之，这是一个让你不得不停下脚步的城市，你可以细细地品味它的历史与文化。其次，它是一个重要的科学文化之城。这里的联邦研究机构就有 61 家，大专院校 30 余所，著名的大学有马里兰大学（1807）、马里兰艺术学院（1826）、洛约拉学院（1852）、州立托桑大学（1866）、州立穆尔甘大学（1867）、皮博迪音乐学院（1868）、马里兰圣母学院（1873）、约翰·霍普金斯大学（1876）、州立科宾学院（1900）和巴尔的摩大学（马里兰巴尔的摩大学 US NEWS 最新排名第 160 位）（1925）等院校，其中最著名的是约翰·霍普金斯应用化学研究所、国立卫生研究所、约翰·霍普金斯大学等。

☆ 巴尔的摩港，美国东部一个重要港口

巴尔的摩港是游客不容错过的地方，自 20 世纪 80 年代开始该港已成为美国最现代化的码头之一，港口潮差小，冬季不冻，航道深，港口年吞吐量常居全美第 8 位，进出口贸易在城市经济中居重要地位，主要输出煤、焦炭、钢铁、铜等，输入铁矿石、石油、砂糖等原料。

在这里，一艘艘庞大的货船，一个个巨大的集装箱，让游客感受到现代港口的繁荣。但这里最吸引游人的是内港游览区，它过去是码头，经过修整翻新，现被改造为观光娱乐和购物区，成为老市区复兴的一个典范。在这里游客可以品尝到当地特产——味美汁鲜的切萨皮克湾海蟹和牡蛎。而 3 号码头上，一栋顶部呈玻璃金字塔状的新奇建筑格外引人注目，它是巴尔的摩市第一名胜——国家水族馆，是一座向人们展示海底世界奥秘的“水晶宫”。此馆建于 1981 年，共有 5 层展厅，设有好几个高大的水池水柜，展出了 5000 多种水生生物，游客漫步其中，有一种在海底漫游、与鱼虾共舞的感觉。

☆ 约翰·霍普金斯大学是美国最重要的大学之一

约翰·霍普金斯大学是我们此行最重要的目的地。该校创建于 1876 年，由当地富商霍普金斯捐资 700 万美元而成，是美国著名的私立大学之一。它建校伊始就特别

强调科学研究，首先设立博士学位班，其科学研究水平仅次于哈佛大学，其中医学院和医院更是世界顶级，享誉全球。

整个校园环境优美，绿树成荫，呈现出一派安静、平和的氛围。校园内的建筑以红色为基调，大多建于 19 世纪，醒目漂亮，很有韵味，其建筑风格与哈佛大学如出一辙。来到这所具有 100 多年历史的大学，我们感慨万千，这里培养出了无数精英，如美国国务卿奥尔布赖特、财政部长盖特纳、世界银行行长埃因霍、中国驻美大使崔天凯、冰岛总理哈尔德、荷兰外交部长柯恩德、财政部长霍格沃斯等一大批杰出校友，一个个如雷贯耳的名字，让这所大学熠熠生辉。我们开车进去兜了一圈，可能因为是周末，整个校园没看到什么学生，算是到此一游吧！

◆充满人文气息的约翰·霍普金斯大学

●**费城篇**

第三天，我们来到此行最后一站——费城。虽然它离匹兹堡有 5 个多小时的路程，比到华盛顿还要远，但是作为宾夕法尼亚州最大的城市，我们必须去一趟。

对美国来说，费城可是一个历史悠久的城市，从 1776 年美国独立至今，它已有 300 多年的历史了。费城是美国独立战争的发祥地，被称为美利坚合众国的摇篮，许多具有历史意义的事件都发生在这里：1776 年 7 月 4 日《独立宣言》在这里签署；1787 年美国第一部宪法在这里诞生；1790—1800 年间，费城还曾是美国的首都，乔治·华盛顿总统曾在这里宣誓就职等。

☆ **美国自由精神的象征——自由钟**

来到费城，自然一定要去看自由钟，经过十几分钟的排队，我们终于走进自由钟展厅，如同走进了美国的历史。这里的安检非常严格，同样也要把外套脱掉进行检查。

里面的展览内容多是与追求自由相关的人物和事迹，比如发表《我有一个梦想》演讲的美国著名民权运动黑人领袖马丁·路德·金；带领南非摆脱白人统治的黑人领袖曼德拉。当然也有我们不愿看到的达赖喇嘛的照片也赫然与曼德拉总统的照片放在一块。

◆自由钟

看完展览，终于到达最为神圣的地方——摆放自由钟的展厅。这是全世界最著名的钟，仔细观看，只见钟面上刻着《圣经》上的名言：“向世界所有的人们宣告自由。”自由钟是费城的象征，更是美国自由精神的象征，是美国人的骄傲。它是 1751 年由宾州州议会以 100 英镑的价格从英国伦敦的白教堂（Whitechapel）钟工厂订购，在 1752 年送达费城。自由钟质量只有 900 多千克，由多种金属混合铸成，当时在安装的过程中，就发现钟上有一条裂缝，1776 年 7 月 4 日庆祝独立宣言签订时敲响过一次，后来敲钟纪念华盛顿总统生日时，出现严重锯齿状裂缝，无法修复，此后就再没有敲响过。如今，自由钟已经沉默了很久，它成了一个象征自由与独立的历史见证。

☆ 费城最著名的建筑——独立宫

走出自由钟展厅，马路对面就是独立宫，这是一座两层的旧式红砖楼房，乳白色的门窗，乳白色的尖塔，正屋和塔之间镶嵌着一座大时钟。正是在这座朴实无华的楼房里，诞生了《独立宣言》和宪法。但是由于我们来得太晚，免费参观券已发放完毕，我们也只能望楼兴叹了！

◆独立宫

而在临近的独立大道上，还能看到复古的马车。只要你付费，你就可以乘马车走一圈。

不远处，就是费城的唐人街，它是美国第三大、东部第二大唐人街，占据第六街、第七街和第八街三个街区，里面挤满了店铺，包括 100 多家餐馆、商店和服务机构等，只可惜同行的朋友对此不感兴趣，我也只好作罢。至于其他名胜古迹，如国家独立历史公园、富兰克林博物馆、市政厅等也因为时间关系，没能一饱眼福，算是留下了一些遗憾。

☆ 著名的常春藤大学——宾夕法尼亚大学

虽然时间匆匆，名胜古迹没能尽兴，但是同行的朋友对大学还是很感兴趣的。我们走进了美国著名的常春藤大学之一——宾夕法尼亚大学，这里不仅学术一流，而且历史悠久，校园古色古香，各种欧式建筑保存完好，现在又适逢深秋，在红色、黄色、绿色树叶的映衬下，校园显得分外美丽。走在美丽的校园里，你可以看到各色人种，特别是有很多黄色面孔，想必中国人一定不少！你同样可以看到很多刻在地上的警句，令人深思。

◆秋意甚浓的校园

◆ 充满爱意的雕塑

◆校园内古色古香的建筑

走在这所有100多年历史的老校，我们正好碰上一帮年轻的女孩在拍集体照，她们十分热情地跟我们合影。看，大家笑得多开心！

◆校园内邂逅漂亮的大学生

- 游览华盛顿、巴尔的摩和费城，最好选择自驾游或定制游，因为常规旅游线路不包括大学游、博物馆游等特色项目；
- 如果是走马观花式旅游，华盛顿、巴尔的摩和费城三座城市可以安排两日游至三日游线路，但是要想进行每个城市的深度游则各需两至三日；
- 华盛顿不仅是美国的首都，也是著名的旅游胜地，白宫、国会山、华盛顿纪念碑、林肯纪念馆……吸引着无数游人，而众多的博物馆和4月盛开的樱花是其极具特色的部分；
- 要追寻美国的历史，费城是游人不能错过的地方；
- 宾夕法尼亚大学校园美丽，人文气息浓厚，建议秋季去旅游。

团聚之旅

圣诞节是西方人的重要节日，对于美国人来说这也是他们一年中最重要的节日，根据工作性质不同，人们都有 3 日至 15 日的假期。酷爱旅游的美国人当然不甘寂寞，纷纷筹划他们的旅行计划，而身处美国的我自然也会利用这样一个美好的假期，开始了与家人的团聚之旅了。

●期盼

圣诞节快到了，学校放假了，盼望了三个多月的美国之行终于开启。然而，却是一路状况不断，最终历经千万辛苦，我们一家人分别从中国武汉、法国图鲁兹和美国匹兹堡汇聚到迪士尼的故乡——奥兰多。

为了这次出行，我早早地做了旅游攻略。提前三天我就预约了 12 月 17 日到机场的优步，期盼着一切顺利。然而 17 日却是一个寒冷的日子，前两天匹兹堡下了一场大雪，雪未化，又下起了冻雨。临近 17 日出发的时刻，优步却自动取消，我只好再呼叫优步，这次来了一位十分不靠谱的司机，他竟然走错了路，平时去机场只需十几分钟的路，今天却花了四十多分钟，差点让我误了机，我几乎是最后一个办的登机手续。好在有惊无险，我终于在下午 2 点多钟安全抵达奥兰多。

本来以为老公已提前到达奥兰多，事实上，他竟把时间弄错了，他的行程整整地向后推了一天，他将于 18 日早上到达奥兰多，满心的欢喜变成了焦躁不安：他第一次独自出国旅行，英语也不会说，能顺利到达吗？不仅如此，当我们终于把他盼来后，发现他竟忘记带驾照了，这实在让人无语了，我们的整个旅行计划将不得不作调整，自驾变包车，开局不利啊！

女儿按计划应该于 17 日下午到达奥兰多，然而人算不如天算，由于伦敦大雾，她的航班不得不由原来伦敦转机，临时改签为美国迈阿密转机到达奥兰多。然而又遇上飞机晚点，她于 18 日早上 2 点多钟才到达奥兰多，人到了行李却未到，又一件让人担忧而心焦的事！这也影响了女儿的心情。啊！一切都乱套了，我快要急疯了，为什么这么不顺？我们的团聚为什么这么难？

所谓好事多磨，尽管一开始有这样那样的不顺，然而我们一家终于从三大洲聚集到美国佛罗里达州奥兰多这个美丽的城市，入住美国国际分时度假交换公司（RCI，全称 Resort Condominiums International）为我们预订的酒店——神秘的沙丘度假村和高尔夫俱乐部（Mystic Dunes Resort And Golf Club），我期盼着后面的旅程一切顺心顺意！

☆ 快乐之都奥兰多

奥兰多（Orlando），这个号称阳光之洲中最快乐休闲的城市，它最大的吸引力就是迪士尼乐园（Walt Disney World Resort），而后崛起的环球影城更是为它增添了无穷的魅力。今天，我们来了，将体验现代科技带给我们的极致震撼！

奥兰多迪士尼乐园，总面积达 124 平方公里，它就是一个欢乐的世界，如今已拥有十大主题乐园：迪士尼-未来世界 (Disney Epcot Center)、迪士尼魔术王国 (Disney Magic Kingdom)、迪士尼动物王国 (Animal kingdom)、迪士尼好莱坞影城 (Disney Hollywood Studios)、迪士尼台风水上乐园 (Disney Typhoon Lagoon)、迪士尼暴雪海滩水上乐园 (Disney Blizzard Beach)、环球影城 (Universal Studios)、冒险岛 (Island of Adventure)、奥兰多海洋世界 (Seaworld Orlando) 和海洋世界-水上乐园（Aquatica Water Park ）。

由于只能在奥兰多待三天，经过比较我们选择了一日一园：即迪士尼好莱坞影城、冒险岛和环球影城，预先我们已经在淘宝上购买了门票。虽然在短短的三天时间里，我们只玩了三个乐园，但是三个园却各具特色，我们非常满足。三天的时间让我们收获良多，增长了见识，丰富了阅历，突破了自我。

☆ 迪士尼好莱坞影城

这是我们此行游玩的第一个乐园。由于两位体力不支（早上到达，紧接着就到达迪士尼，着实不易），我们按照计划只玩了几个游戏看了两个秀，但它们同样给我们带来了惊险刺激与震撼。

关于游戏，记忆十分深刻的第一个游戏是惊魂古塔（Twilight Zone），看着长长的队伍，想必这是一个十分受欢迎的项目吧！古塔是美国 20 世纪 30 年代的装饰风格，据说以前是好莱坞一栋非常著名的酒店，各种名流出入，可是在 1939 年 10 月 31 日这天，酒店被一道闪电击中，然后就废弃了，后来被改造成一个让游客感受阴阳两界

◆惊魂古塔

的游戏乐园。进入古塔的大厅，首先映入眼帘的是落满灰尘的家居和布满蜘蛛网的角落，实际上，这个游戏就是让游客们乘上电梯，感受一下从 13 层电梯直接掉到底层的惊险刺激，其中有几个楼层是没有墙的，可以俯瞰下面的游乐园，再配上背景音乐，以及突然跳出来的鬼魂，来刺激游客。

第二个游戏是玩具总动员项目（Toy Story Midway Mania），这是一个老少皆宜的射击游戏项目，我们快速坐上小车，带上 3D 眼镜，开始向目标射击，整个过程立体感超强，对我这种从来不玩游戏的人来说，虽然成绩不理想，但也算是开了一次眼界，真实地体验了一回射击的乐趣。

第三个游戏是室内过山车，它不像一般过山车那样有一个缓慢升高的过程，它最大的特点就是在极小的空间内七扭八歪，绕来绕去。设计师巧妙地利用蛇形、螺旋形、360° 翻转和各种扭曲，最大限度地利用了空间，再加上黑暗的背景，摇滚的音乐以及闪烁的霓虹灯，内心的疯狂瞬间被调动！这个游戏对我来说可是一个莫大的挑战，一开始内心就在打退堂鼓，但在两位的鼓励下，我还是乘坐了过山车，但一路提心吊胆，紧张到爆，唉，想死的心都有了！

◆室内过山车的标牌

来到迪士尼好莱坞影城，各种秀也是不可或缺的。由于时间有限，我们选择了两个秀，其中之一就是经典舞台剧《美女与野兽》（*Beauty and the Beast — Live on Stage!*）。

这是一个家喻户晓的童话故事。演员们美丽帅气，演技精湛，舞台布景色彩艳丽，整个剧情也是紧凑活泼，引人入胜！

◆舞台剧《美女与野兽》场景

另一个秀就是《印第安纳·琼斯》(*Indiana Jones Epic Stunt Spectacular*)，喜欢看好莱坞大片的人都非常熟悉印第安纳·琼斯，他可是电影《夺宝奇兵》中的人物形象呢！老公特别喜欢，因为他就是好莱坞大片迷，他说这个秀十分大气、真实与震撼！它再现了电影中经典的场景：印第安纳·琼斯在古墓里探险、集市里面的枪战、军用飞机周围的枪战等。当然我也感觉不错，目睹了绝世高手印第安纳·琼斯的非凡能力，体验了一回电影声音特效的奇妙。

☆ **冒险岛**(Island of Adventure)

这是我们此行游玩的第二个主题乐园。整个冒险岛公园围绕着哈利·波特系列小说展开，这里就是一个哈利·波特的巨型游乐场。这个乐园是一片欢乐的海洋，人气也最旺，到处都是长长的排队的人群。女儿是一个哈利·波特迷，这次可是让她过足了瘾。魔法学校、魔法银行、魁地奇比赛、开往魔法学校的火车、多层汽车……总之哈利·波特里面的很多场景都在这里真实地再现，而且让你身临其中，你就是魔法学校的学生，你与哈利·波特一道经历了魔法学校的一切，每一个游戏都让你感到刺激与眩晕。女儿最为兴奋，不仅玩得不亦乐乎，还喝到了特制的蜂蜜啤酒，购买了伏地魔的魔法棒，与她一道我们竟乘坐了两次开往魔法学校的火车。最后天色已晚，老公和女儿还恋恋不舍，又再一次过了一把超大型过山车的瘾，再一次感受那惊险刺激！而我实在无法承受，只好在外面等候，就这样不知不觉中我们度过了快乐的一天。

◆冒险岛

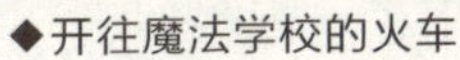

◆开往魔法学校的火车

◆魔法银行

◆超大过山车

☆ 环球影城(Universal Studios)

这是我们此行游玩的第三个主题乐园。虽然也是影城，但它完全不同于迪士尼好莱坞影城，它真实地再现了好莱坞大片如《终结者》《大金刚》《怪物史莱克》等的特技惊险场景，通过高科技手段让你穿梭时空到未来，身临其境，让你得到莫大的感官刺激和丰富无穷的享受！但是这样惊险而刺激的游戏对我来说，可真是又一次突破。过去我很排斥这种游戏，但这次，想到此生可能是第一次也可能是最后一次来奥兰多，尽管头晕目眩，恶心作呕，但我豁出去了，其中大大小小的过山车也坐了三次，直到后来我再也无法承受。好在一切都结束了，我为自己能突破自我而高兴。

◆环球影城的标志

◆环球影城的大门

总之，三天的游玩，给我们带来的是紧张、害怕、眩晕、刺激与快乐！但是三天的时间太短暂，即使我们一天一园，仍然有一些项目没有玩到，一些水上项目更是没有涉足，留下了一些遗憾。

★ 奥兰多迪士尼乐园共有十个主题公园，这里就是一个欢乐的世界，游玩迪士尼有一日一园、一日两园、三日多园、四日多园、五日多园，成人票、儿童票等多种选择，建议至少待两天以上，至少玩两个以上的主题公园；

★ 奥兰多地处佛罗里达州，常年气温较高，但早晚较凉，注意增减衣服；

★ 在迪士尼乐园游玩一定要提前做好攻略，设计好游玩项目，在有限的时间里玩最多的项目；

★ 很多酒店有免费到达迪士尼乐园的专车，注意开车与收班时间，千万不要错过。

●雾中的大峡谷

看过美国电影的人都知道，美国的很多西部片都是在大峡谷取的景，那宽阔陡峭的谷地，那奔腾的科罗拉多河，那赭红色的岩石，一切都让人梦魂牵绕。

22日早晨，我们从拉斯维加斯（Las Vegas）的坎昆度假村（Cancun Resort Las Vegas）出发，向着我们的目标——闻名遐迩的大峡谷（西峡）进发。由于没带驾照，我们只好将自驾改为包车，但是包车的感觉也还不错。然而，老天爷太不给力了，那天在这荒漠之地竟下了整整一天的雨。虽然道路不受影响，但是大峡谷却笼罩在白茫茫的云雾之中，乘坐直升机的计划被迫取消，老鹰岩（Eagle point）与蝙蝠岩（Guano point）的雄伟与壮丽自然也没有看到，有着4000多英尺深的大峡谷也没能露出她的真容。走在天空步道之上，也只是近距离地感受了一下巨大的红色峭壁的险峻。

大峡谷所在地也是印第安人的主要居住地，至今他们仍然保留着自己独特的习俗。大雾中，我们参观了印第安人的一个文化展示区，唯一印象深刻的是学着西部牛仔过了一把枪瘾，也看到一些印第安人的遗迹，诸如草棚、祭祀场所等，却十分简陋，最后在这里享用了一顿印第安午餐，实际上与西餐差别不大。

◆是否有点西部牛仔的范儿！

雾中看景也有它的奇妙之处。这不，不远处山头上，停歇着一些体型较大的黑色乌鸦，却是难得一见的景致。爬过几个巨大红色砂岩的山头，我们来到大峡谷的边缘，往下看，白雾笼罩，深不见底，但你能想象出它的深邃与壮丽，也足以让人胆战心惊！我们静静地在大峡谷的边缘等候，终于，对面的山峰冲破云雾，露出真容，宛若仙境一般，但这美妙的时刻太短暂，刹那间，它就消失得无影无踪。

◆雾中的乌鸦

◆雾中的大峡谷

大雾越来越浓，丝毫没有减弱的迹象，我们不得不提前告别那里，前往下一站——胡佛水坝（Hoover Dam），听到这个名号，就知道它是以美国前总统胡佛命名的，可想而知它在美国人心中的地位。胡佛水坝号称全美第一水坝，高 220 米，宽 379 米，1994 年被美国土木工程师协会称为“美国七大现代土木工程奇迹之一”。

由于下着雨，我们只好从远处观赏了这座雄伟的大坝。大坝位于内华达州和亚利桑那州交界之处的黑峡（Black Canyon），它是科罗拉多河（Colorado）的一段，只见两岸群山连绵，布满了黑色的岩石，大坝如一个庞然大物横亘在峡谷之上。胡佛水坝虽然比三峡大坝规模小得多，但它是在 1931 年 4 月开始动工兴建，1936 年 3 月建成的，至今仍发挥着防洪、灌溉、发电、航运、供水等功能，这不得不让人肃然起敬。

◆眺望胡佛水坝

唉，天不如愿，购物取乐！今天的旅行早早结束，我们来到了奥特莱斯（Outlets），开启了“买买买”模式。

特别注意

★ 游览大峡谷一定要选择一个好天气，且能见度越高越好；

★ 从拉斯维加斯包车去大峡谷，距离大约300公里，费用约400美元；

★ 大峡谷景区服务体系很成熟，有区内巴士，随上随下，十分方便；

★ 去大峡谷的路上一定不要错过胡佛水坝，那里有免费停车场，可以不用进入景区，因为在桥上远观大坝更为雄伟壮观。

● **纸醉金迷的世界——拉斯维加斯**

拉斯维加斯（Las Vegas），一个在沙漠上崛起的城市，一个世界最著名的赌城，被誉为“世界娱乐之都”和“结婚之都”。来到美国，你一定要来拉斯维加斯，如果不来，可以说你枉到美国。

来到拉斯维加斯的第二天，我们开启了拉斯维加斯大道之旅，也可以说是酒店之旅，我们要去感受拉斯维加斯纸醉金迷的生活。拉斯维加斯大道，也被称为长街（The Strip），这里聚集了拉斯维加斯几乎所有知名的酒店，而每一个酒店都是一个景点，它们不仅外观造型各异，而且内部结构独特、设施齐全。神奇的是，拉斯维加斯大道几十年来几乎没变，一直保持着它的兴旺和奢华。这里的每一个酒店都不同凡响，大气漂亮，极尽奢华；这里几乎每一个酒店都是赌场，花花绿绿的赌博设备，看得人眼花缭乱。

◆酒店赌场

我们乘坐优步到达的第一个酒店就是曼德勒海湾大酒店（Mandalay Bay），它位于长街的最南端，让人惊奇的是酒店竟有缆车（Tram）连通金字塔酒店和亚瑟王的神剑酒店（Excalibur），原来这三家酒店是一个老板开设的。金字塔酒店的造型十分独特，门口二层是狮身人面像，酒店主体是一个金字塔，而内部的结构非常别致，塔内就像是空心的，客房沿着金字塔的四面建起来，电梯也是斜着上去的，真是太神奇了！每间客房都可以看到外面的风景。从远处眺望亚瑟王的神剑酒店，呈现在眼前的是一个个彩色的城堡，让人感觉好像到了迪士尼乐园。

◆曼德勒海湾大酒店

◆亚瑟王的神剑酒店和金字塔酒店

沿途经过了老牌米高梅酒店（MGM Grand，MGM——Metro Goldwyn Mayer），它的门前竖立着巨大的狮子。再往前走，就是高大气派的纽约赌场酒店（New York New York），看着它那高耸入云的尖顶，人们感觉好像到了纽约一样，而云霄飞车也赫然出现在酒店前面。

◆米高梅酒店和纽约赌场酒店

继续往前，看到的是蒙地卡罗酒店 (Monte Carlo) 和巴黎饭店，特别是巴黎饭店，造型非常大气漂亮，典型特征就是埃菲尔铁塔和一个蓝色的圆球，在这里我们留下了自己的靓影。这里也是拉斯维加斯大道的中心，非常热闹，两边有大型超市、购物中心、画廊和展馆，我们没有时间逛，只能饱饱眼福了。

◆巴黎饭店

最让人印象深刻的是百乐宫酒店（或译作美丽湖酒店，Bellagio）和凯撒皇宫大酒店（Caesars Palace / Forum Shops），后者的奢华自不必说，据说这里还是香港《赌侠》系列电影的拍摄地，而且很多人推荐这里的自助餐，我们也慕名前往，然而也许是圣诞节即将来临，这里的座位紧俏得很，而且价格也比平时高了许多，最后我们放弃了这里，决定前往百乐宫酒店。百乐宫酒店，同样的奢华，但这里的景致更美，酒店门口每天整点，有时半点有音乐喷泉，那天我们就感受了音乐和喷泉的完美配合，体验了现场带给我们的视觉享受！当然，我们也在这家酒店吃了美国之行唯一一次自助餐，花费不菲，但大家都吃得十分尽兴，这可是我们一家团聚后吃得最好的一餐了！

◆百乐宫酒店和凯撒皇宫大酒店

吃过自助餐，看完音乐喷泉，沿途仍然是各种漂亮的酒店：海市蜃楼酒店（The Mirage）、梦幻金殿大酒店、金银岛酒店（Treasure Island）、威尼斯人度假赌场酒店（The Venetian），令人惊喜的是在远处竟发现了一个川普酒店（TRUMP），它是现任美国总统川普（Trump，也叫特朗普）开设的酒店，这也是难得的巧遇，留影纪念，必需的！

◆川普酒店

接着我们来到了此行最后一家酒店——永利酒店（Wynn），据说它是一个中国人开的酒店，也是同样奢华，但它的布局又有不同，只见大厅中央用巨大的不知名的绿色植物和圣诞树营造了一个独特的小森林，让人忍不住流连其中。那天这家酒店人头攒动，它正是我们观看拉斯维加斯梦秀（Le Rêve）的剧场（Wynn Theater）。Le Rêve 在法语中是“梦”的意思，它取材于西班牙著名画家毕加索的一幅既幻妙迷离又充满诱惑主题的名画，这幅画就收藏在永利酒店内。

这部剧讲述的是一个人经历了一场非凡的梦境，在梦境中他遇到了一系列伴有神话色彩的虚幻的情境，这些情境包括原罪对灵魂的诅咒、赎回灵魂所经历的苦难、人类对爱和欲望的渴求，以及得到爱后的满足和失去爱时无尽的痛苦，这些奇幻的经历和灵魂深处的诉求被放大后浓缩在舞台上的一场梦境当中。《梦》剧实在太惊艳了，它的舞台就是一个大的圆形水池，水池呈放射状向四周扩展，杂技、体操、跳水和戏剧各种元素综合运用，加上大量灯光的效果变化，让人眼花缭乱，应接不暇，整个演出就是力量与美的完美结合。

◆永利酒店内的《梦》秀

游览完酒店，看完秀，我们的拉斯维加斯之旅就要结束了。拉斯维加斯，一个自由开放的城市，这里几乎每个大酒店都有婚礼小教堂，只要出示双方的护照并签名，就可以在神父的主持下，取得一纸结婚证书，这够浪漫的吧！而流连于拉斯维加斯大道，看着熙熙攘攘的芸芸众生，体会着酒店的奢华，品味着可口的美食，你还相信拉斯维加斯建在沙漠里吗？

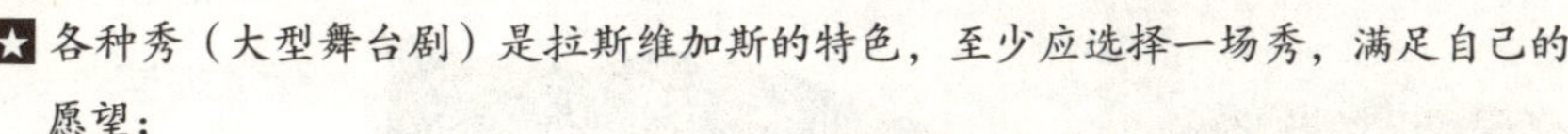

- ★ 在拉斯维加斯旅游，到酒店参观是必不可少的内容，一个酒店就是一个景点；
- ★ 各大酒店都设有赌场，小赌一把，试试手气，不失为一种娱乐活动；
- ★ 各种秀（大型舞台剧）是拉斯维加斯的特色，至少应选择一场秀，满足自己的愿望；
- ★ 拉斯维加斯酒店的自助餐口碑不错，最好选择凯撒皇宫大酒店或百乐宫酒店的自助餐；
- ★ 在拉斯维加斯旅游务必到拉斯维加斯大道上走一走，你才能真正体会到它的动感与繁华。

●旧金山念想

旧金山（San Francisco），美国华人最为集中的地方。遥想当年，大量华人背井离乡来到这里，开采金矿，最后定居于此。几百年过去了，华人在这里繁衍生息，但仍固守着中国的文化与习俗。这里有美国最大的中国城（Chinatown）——唐人街，这也是吸引我们前往的原因之一，当然旧金山不仅仅只有这些，它还有很多，很多。

由于行程改变，我们在市中心（Downtown）预订了酒店，这正好能让我们近距离地感受这个充满活力的大都市。24 日下午我们抵达旧金山，老公的表妹夫妇到机场接机，让我们顿时感到温暖了许多，在异国他乡有亲戚真好！看看天色尚早，也许是为了满足我的大学情结吧，我们一行直接来到斯坦福大学，这是美国最为著名的大学之一，它培养出了无数政界、商界的精英，当然这所大学本身也非常具有传奇色彩，据说一对有钱的夫妇为了纪念他们意外身亡的儿子，想为他儿子读过的哈佛大学捐款，但哈佛大学的校长看到他们衣衫普通，想必不是有钱人，就冷淡地拒绝了他们，他们一气之下，就拿出自己所有的财产，以他们儿子的名字命名并建立了这所赫赫有名的大学，而原来哈佛大学的校长追悔莫及，但为时已晚，这就是以貌取人的结果吧！

来到斯坦福大学，太阳的余晖还照耀着这所大学，首先映入眼帘的是中心广场（Main Quad），时值冬日，这里仍然绿草如茵，一些游客在草地上小憩。远处是斯坦福大学标志性的建筑——胡佛纪念塔（Hoover tower，它是以美国前总统胡佛的名字命名的），一组罗丹的雕像、古色古香的教学楼以及斯坦福纪念教堂（Memorial Church）。那所教堂兴建于 1903 年，20 世纪的旧金山曾经发生的两次大地震给这所教堂造成了严重破坏，但它仍屹立不倒，十分神奇！时逢节日，教堂里正在做弥撒，我们没能进去一睹为快。但漫步校园之中，观赏着一幢幢古色古香的教学楼，我们感受到了这所知名大学深厚的人文氛围和美丽的环境。

◆余晖中的斯坦福大学

参观完大学，表妹一家请我们吃圣诞大餐，又把我们送到酒店，让我们在异国他乡感受着亲人给我们的温暖，感激之情无以言表。

第二天，我们买了一日通票，坐上了古老的叮当车（Cable Car）。如今它已成为旧金山的一道风景，坐上它，慢悠悠观赏城市的风景，也是一种难得的体验！首先我们来到了世界上最弯曲的街道——九曲花街，这个花街是 1923 年建成的，得益于设计师和花匠们巧夺天工的精心设计，在 40° 的陡峭山坡上，设计出“Z”字形的道路，而在道路两旁全部是花圃，想必春夏之季这里一定是繁花似锦吧！这里所有的车只能往下单行，这可是考验驾驶技巧的地方，它能让驾驶者体验在九曲十八弯大坡道上驾驶的乐趣。由于我们没有驾车，只能目睹一下其他人小心翼翼地驶过这条弯曲的街道，而且此时正值冬天，我们没能看到花团锦簇的街道，算是一点小小的遗憾吧！

◆叮当车

◆九曲花街

游览完九曲花街，步行来到著名的渔人码头（Fisherman's Wharf），一个画有大螃蟹的圆形广告牌就是渔人码头的标志，找到了“大螃蟹”，就到了渔人码头。我们每人花费 30 美元乘坐了游轮（The SF Golden Gate Cruise），从渔人码头出发，沿着旧金山海岸线一直穿过金门大桥后掉头，再绕恶魔岛一圈，之后返回码头，全程大约 1 小时，令人惊喜的是船上有中文导览讲解器，让我们对旧金山、金门大桥和恶魔岛的历史有

◆渔人码头

◆壮丽的金门大桥

了一个较全面的了解。

金门大桥横亘于金门海峡之上，跨度千米，是世界上著名的一座悬索桥，它耗费了大量的钢材，整个大桥呈朱红色，在碧蓝色的天空映衬下，非常壮观，分外美丽。

◆遥望恶魔岛

恶魔岛四面环海，遍地都是岩石，这里栖息着很多鸟类，而在岩石上矗立着一些建筑。据说这里以前是监狱，美国联邦政府将一些重刑犯关押在这里，因为四周都是海水与波涛，海中还有各种鲨鱼，罪犯很难逃出去，但即使这样，据说历史上仍有三个罪犯逃了出去，不知是葬身鱼腹，还是隐姓埋名，总之是不知所踪。如今恶魔岛已经成为一个著名的旅游景点，我们远远地看着岛上遗留下的建筑，想象着那些被囚禁在这里的罪犯，天天透过铁窗，眺望陆地，为自己所犯下的罪行而忏悔，应该也可以激发他们改过自新的愿望，以回归正常的生活吧！

海上游览后，我们信步来到 39 号码头，近距离地观赏大量的海狮聚集在码头上晒太阳与嬉戏的场景，这也是此行难得的一景。而这里餐馆云集，是旧金山品尝海鲜的首选地点，品尝海鲜的最佳时间是每年 11 月到次年 6 月之间，而我们来得正是时候。我们找到一家人气最旺的 Fog Harbor Fish House 餐馆，足足等候了 30 分钟才有座位，但令人欣慰的是我们得到了一处可以看海的位置，点了大螃蟹、生蚝、Clam Chowd 等，花费 149 美元。难得的是，女儿竟与她的小

◆39 号码头上休憩的海狮

学同学在此见了面，大家一起边赏海景，一边品味鲜美的海鲜大餐，这也是我们此行一次难得的享受啊！

吃完海鲜大餐，我们乘坐巴士来到了艺术宫，艺术宫是一座漂亮的法国式仿古建筑，主要是一个圆顶大厅，配上拱门和石柱。它是为 1915 年 2 月 20 日开幕的巴拿马太平洋万国博览会而建的，在美国旧金山能看到这么辉煌的建筑实属难得。这组建筑十分大气、壮观，让人好像到了欧洲，而且这个景点是完全开放的。建筑旁边还有一个湖泊，一些天鹅和水鸟栖息在这里，更增添它的生机。这里无死角，每一个角度都能让你感到它的艺术魅力。更让人欣喜的是，不远处就是浩瀚的太平洋，金门大桥在落日的余晖中更是散发着它无穷的魅力，让人久久不愿离去。

◆艺术宫

下一站，我们决定去唐人街（China Town），这是此行不得不去的地方，我们要去感受一下华人的生活状态。穿过上上下下的坡道，终于找到孙中山先生所题“天下为公”的琉璃牌坊，只见两旁有数条气韵生动的中国龙和具有中国特色的石狮，不禁让人肃然起敬。徜徉在唐人街之中，看着琳琅满目的商品和各具特色的餐馆，听着普通话，满满的都是中国味道，大家仿佛回到了中国，我们寻了一家人气很旺的粤式餐厅，品尝了来美后第一顿比较正宗的中国餐。

◆唐人街

吃完晚餐，天色已晚，我们依依不舍地离开了唐人街，最后一次乘坐叮当车回到酒店，旧金山之旅完美收官。再见了，旧金山！

- ★旧金山昼夜温差比较大，特别是冬天去旅游，游客更要注意带些厚实的衣服，预防感冒；
- ★市区旅游景点很多，最著名的有金门大桥、渔人码头、九曲花街、艺术宫、恶魔岛、唐人街等，要合理安排时间，考虑一至两日游；
- ★市区旅游可考虑购买优惠公交卡，它包含了缆车、公交车、地铁和有轨电车，1天有效交通卡为9美元，3天有效交通卡15美元，7天有效交通卡20美元；
- ★市区酒店较贵，如果自驾，可考虑住在郊区，贵重物品最好放在饭店提供的保险箱内，上街不要带太多的现金，尽量用信用卡或旅行支票；
- ★这里是华人集中区，在唐人街漫步，感受中国文化，特别是品尝正宗的中国菜，有很强的亲切感，而品尝正宗的海鲜，最好选择渔人码头的海鲜餐厅；
- ★夜晚是犯罪率高发时段，在这里旅游尽量不要夜间单独外出，或在偏僻和黑暗的街道上行走。

●惊艳之旅——美国1号公路

很多来美的朋友都说，美国最美的地方在1号公路，我无数次梦想着来到这里，今天这个夙愿就要实现了。27日，我们花费1100美元包车，从旧金山出发，开启了我们的惊艳之旅——美国1号公路两日游。

这是一个晴朗的日子，我们怀着兴奋的心情沿着蜿蜒的海岸线一路向南，1号公路虽然只有两股道，但汽车却是各行其道，井然有序，一路畅通。我们左边是连绵的群山，右边就是浩瀚的太平洋。在这样的道路上驰骋，看着赏心悦目的美景，听着澎湃的涛声，这是人生中一件多么惬意的事情啊！

一路上自然风光美不胜收，变幻莫测的美景让人应接不暇，扑面而来的海风让人心旷神怡，碧海蓝天、海藻礁石、悬崖峭壁、古老的松柏、高大的红松、松鼠、野兔、海鸟、海象、海狮、海豹、海獭，还有座头鲸，它们构成了一幅幅迷人的画卷，而位于风光明媚的蒙特利半岛之上的17英里风景区（17-Mile Drive）就是它最精华之所在。

首先让人惊叹的自然是沿途的碧海蓝天、细软的沙滩，一个个天然海湾，以及众多奇形怪状的礁石。在这样的季节，我们还时不时看到一些勇敢者在海水中搏击冲浪，一些钓鱼爱好者在海边垂钓，他们也是这美丽景色的一部分啊！而中国岩（China

Rock）实际上是一块突兀的巨大礁石，为什么称为“中国岩”，也无人考究。在礁石之中，我们看到一些巨型海藻，像一根根巨大的鞭子，让人连连称奇。而后到达一个被称为孤柏（The Lone Cypress）的景点，礁石之上，竟孤零零地生长着一棵柏树，让人不得不敬佩它顽强的生命力，它给这蜿蜒的海岸增添了独特的景致，也让人不禁联想到中国黄山上的奇松，都那样的神奇！

◆在风浪中搏击

◆在大海边垂钓

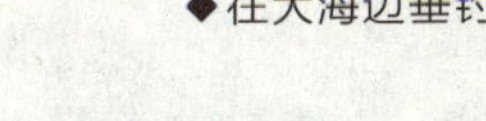

◆ 像鞭子一样的巨型海藻

◆孤柏

其次让人惊叹的是沿途看到的森林。我们的司机师傅看来也是一位热爱大自然的人，他专做“美西非常规旅游线路”，也可以说是“美西深度游”旅游项目，他带的自由行团队多去的是国家公园，如红松国家公园、死亡谷国家公园、黄石国家公园、羚羊谷国家公园、宰恩国家公园、大峡谷国家公园、优胜美丽国家公园等。现在，他带我们来到了一片森林，这里的一切都呈原始状态，踩着厚厚的落叶走进去，眼前是一棵棵高大笔直的红木，有的树三四个人都抱不过来，静静流淌着的且清澈无比的小河穿过森林，几棵光秃倒下的大树横亘其间，让人有一种置身原始森林的感觉。我们深深吸了几口气，希望能吸进更多的负氧离子来洗洗我们的肺。

◆海豹岩

再次，最让人惊叹的是我们能如此近距离地看到了成群的海狮、海象和海獭。来到海豹岩（Seal Rock），说是海豹岩，可我们看到的却是海狮，不知道哪里出了错？难道是翻译的错误？或是我们眼花了？这里布满了大片黑色的礁石，它们为海狮提供了优良的栖息地。海狮有着光滑灵巧的身躯，只见它们在水中游来游去，不时地露出头来，真是可爱极了！更令人称奇的是远处一个大礁石上，密密麻麻地歇息着大量的海狮，好壮观的队伍！如果不仔细看还真是很难发现它们的踪迹。

◆海象岩

继续前行，我们来到海象岩，第一次见到这么大规模的海象群，而且它们比海狮、海豹体型大多了，我真是惊呆了！据司机讲，我们见到的还只是幼年海象和母海象，成年公海象除非在发情期，平时一般不会来到海滩，它们大多会在海上一些小岛上歇息，它们长着獠牙，重量可达4000多斤。不过眼前，我们看到的海象有大有小，小的可能出生不久，不足1米长，大的也有近2米长，它们聚集在海滩上晒太阳或在水里嬉戏，不时发出奇特的声音，可能是在唱歌吧！

◆憨态可掬的海獭

再往前行，我们来到一个港湾，没想到，这里聚集着成群的海獭。海獭是如此的可爱！它们有着猫一样的面容，我是第一次见到这么可爱的动物。它们有的静静地躺在水面晒太阳，有的在水里游来游去，有的在水里翻滚，看着它们憨态可掬的模样，怜爱之心不禁油然而生。

当然，司机还专门带我们去看了野兔和松鼠，这些动物都不怕人，它们只是睁着眼睛好奇地看着我们。来到鸟岩（Bird Rock），一些海鸥见我们喂食，都飞过来了，令人惊奇的是海鸥在空中就能把食物接住，联想到在欧洲也看到很多海鸥，却非常凶猛。相比之下，这里的海鸥可爱了许多。如此亲近动物，让我们感受到的是一幅幅人与自然和谐的画面，中国什么时候能出现这样的场景，中国的环境就有希望了，我祈盼着这一天早日到来。

◆欢快的海鸥

一路赏景，不知不觉中，太阳就要落山了。我们选择了一处悬崖峭壁，捕捉到了日落之前天空中的余晖，留下了我们的剪影，这也是一件十分浪漫的事情！在夕阳下，发现我们面前竟是大片的多肉植物，只见绿绿的叶子上泛着些许红色，非常漂亮！在国内这些可都是室内观赏植物。据司机讲，有一个韩国人每年都来美国采集一个集装箱的这种植物运回韩国，也不知道可信度如何，美国允许他（她）这么做吗？

◆夕阳下的剪影

◆卡梅尔小镇

除了自然风光，我们也体验了两个风情小镇，这两个小镇各具特色。卡梅尔（Carmel）是美国蒙特利半岛上一个精致的海滨文艺小镇，它基本上位于17英里风景区的尽头。卡梅尔建镇于20世纪初期，虽历史不长，却大名鼎鼎。这里人文荟萃，吸引了众多的艺术家来此聚集，据说这里的早期居民90%是专业艺术家，整个小镇充满着波西米亚的风格！当然，这里地价很高，是一个典型的富人区。卡梅尔镇依山面海，各式各样的建筑点缀其中，美得如童话一般。至今这里仍维持着原貌，让人感到朴实、祥和和温馨！它的确是一个世外桃源般的地方啊！

另一个小镇就是丹麦小镇。来到这里，不禁让人联想到丹麦作家安徒生创作的《安徒生童话》，这里完整地保持了丹麦的建筑风格，让你仿佛到了丹麦。小镇中标志性的建筑就是一个大风车，这里绿树成荫，道路整洁，商铺井然有序，整个小镇色彩十分丰富，这里也是一个令人流连忘返的童话世界！

◆丹麦小镇

这两个风情小镇带给了我们视觉上的享受，让我们见识了风情各异的建筑、各式各样的小商品，也感受了他们的餐饮文化，在卡梅尔小镇我们享用了意大利餐，在丹麦小镇我们享用了丹麦餐，这也算是特别的体验吧！

时光如梭，短短两天的美国 1 号公路之旅结束了。风光旖旎、如诗如画的美国 1 号公路带给了我们太多的惊喜，留给了我们太多的回忆！

★ 游览美国 1 号公路，一定要提前做好攻略，观看原生态的海鸥、海獭、海豹、海狮、海象等，一个都不能少；

★ 17 英里风景区是美国 1 号公路海景的最精华之所在，一定要认真阅读旅游地图，按图索骥，不要错过任何美景；

★ 美国 1 号公路沿途有不少小镇，但最具特色的是卡梅尔小镇和丹麦小镇，它们不仅是游览之地，同时也是吃饭、住宿和补给的地方，但这里的消费水平普遍较高；

★ 游览美国 1 号公路最少需要两天，一天只能是赶路，没有任何愉悦与享受。

●世界电影的摇篮——洛杉矶

28 日，我们来到了世界电影之都洛杉矶，一进入这个城市就让人感到了它的活力，好像世界各地热爱电影的人们都来了，来到好莱坞，感受电影产业带给他们的惊喜！

我们所住的好莱坞七星酒店就在好莱坞星光大道旁边，为我们感受这个大都市的魅力带来了方便。这不，没走多远我们就来到了著名的星光大道，只见道路两边的地面上是一颗颗五角星，上面刻着一个个明星的名字，外国影星我们大多不认识，却发现了我们熟悉的李小龙、成龙、黄晓明、赵薇等的名字，也算不虚此行了。而此时星光大道上人越来越多，想必他们和我们一样在寻找他们熟悉的名字吧！

◆好莱坞星光大道

◆ 作者与好莱坞巨星
“安吉丽娜·朱莉”合影

想进一步感受电影的魅力，就一定要到洛杉矶环球影城去体验一下，但是我们刚刚从奥兰多迪士尼乐园来到这里，而这里的环球影城的内容和形式与奥兰多的差不多，因此自然不再考虑，于是我们选择游览杜莎夫人蜡像馆，与世界著名影星一一来一次亲密接触。其实，国内这样的蜡像馆在上海、北京、武汉等大城市都有，我们却从来没有光顾过，今天算是大方地潇洒了一回。蜡像馆里多是国外的影星，甚至还有美国总统奥巴马的蜡像，我们还意外地发现了李小龙和成龙的蜡像，看来他们的确是享誉世界的大明星啊！一个个蜡像栩栩如生，让我们过了一把追星的瘾。

◆杜比剧院

游完蜡像馆，我们来到杜比剧院，这里是历年奥斯卡颁奖典礼的举办地，届时全世界的很多大牌明星都会来到这里，参加世界上最有影响力的电影界的盛典，每一个电影演员都以能在这里走红毯为荣。这些电影明星，特别是女明星不仅会带来她们的电影作品，同时也会向世人展示她们高贵的服饰、甜美的笑容和婀娜的身姿。在剧院一位女讲解员的带领下，我们从走红毯开始，参观了颁奖典礼开始前明星们的休息室、化妆室、舞台、观众席，被她的激情讲解所感染，好像我们也成了大明星，感受到了盛典给我们带来的欢愉！

走出杜比剧院，紧挨着的就是中国剧院，说它是中国风格的建筑实在有些牵强，因为我左看右看，都觉得有点怪异，这应该是一个由外国建筑师杜撰出来的中国风格建筑，稍微有些中国元素的剧院吧！

◆中国剧院

天色还早，我们决定乘坐巴士前往比弗利山庄（Beverly Hills），那里是美国顶级富豪居住的地方，是财富、名利的代表和象征，那里的一幢别墅少则几千万美元，多则上亿美元。巴士慢悠悠地抵达比弗利山庄时，已接近下午五点，天色已暗淡下来，我们匆匆地在比弗利山庄的标志下留了个影，算是到此一游吧！实际上这里就是一座城中城，我们只在它的外围感受了下气氛，一栋栋掩映在绿树丛中的造型各异的小洋楼，一辆辆豪华的小汽车，足以让我们体会到这里富有的气息！

◆ 比弗利山庄

短短的洛杉矶一日游很快就结束了，虽然我们只是匆匆一瞥，但也感受到了电影的无穷魅力，感受到了这座电影之都的富有与活力！

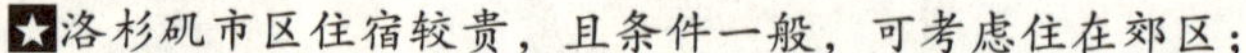

★在洛杉矶市区旅游，交通方便，但一天太短，建议至少两至三天；

★洛杉矶市区住宿较贵，且条件一般，可考虑住在郊区；

★好莱坞大道是洛杉矶景点最集中的地方，星光大道、中国剧院、杜莎夫人蜡像馆、杜比剧院等一字排开，游客可尽情游览；

★好莱坞大道是洛杉矶最热闹的地方，人多车多，游客要注意随身携带的贵重物品。

●意外的惊喜——圣地亚哥

说它是意外的惊喜，一点也不为过，因为它不是我们计划中的旅程，是在包车司机的推荐下，我们挤掉了到奥特莱斯的购物之旅，才实现了圣地亚哥（San Diego）之旅，但是这趟旅行，如果用一个字来形容的话，那就是“值”！

☆ 拉霍亚海滩

三面临海，峭壁耸立，加上曲折蜿蜒的海岸线、清浅开阔的沙滩、湛蓝透明的海水，特别是海狮海豹常常出没于此，使拉霍亚海滩成为圣地亚哥著名的旅游景区之一，拉霍亚海滩是我们那天要去的主要目的地。

29日早晨，我们从洛杉矶出发，花了三个小时才来到圣地亚哥。首先我们来到拉霍亚（La Jolla）海滩海狮的聚集区，这里的海狮多得数也数不清，但它们却与人们和平共处，这是多么珍贵的场景啊！如果说在美国1号公路上还只是远观海狮，这次可是在不足1米的距离亲近海狮，从未体验过的刺激让我们兴奋不已，一边看着它们嬉戏打闹，听着它们奇特的叫声，一边靠近海狮合影留念。原本我以为海狮是一种比较温顺的动物，实际上并非如此，只见两头海狮打得难解难分，颈子都打出了血。一位大胆的游客由于靠得太近，还被海狮从屁股后面攻击了一下，把这位仁兄吓得不轻，也引起围观者的哄笑。看完海狮，再往前行，就是海豹的聚集区。海豹的体型与海狮差不多，身上有豹纹，因其天性胆小，不敢与人靠近，但它更加凶猛，为了安全起见，海豹的嬉戏区并未对游客自由开放，我们只能在栈道上观赏它们了，除了一些海豹在水中嬉戏以外，大多数海豹都躺在沙滩上晒太阳，它们可没有海狮那般活跃！

◆打斗中的海狮

◆慵懒的海豹群

继续前行，蓦然看到一位男士，瑜伽式盘坐在海岸边一处突出的悬崖上，静静地在那里冥想，这是一幅多么感人的天地人合一的场景啊！

◆冥想中的男人

☆ **中途岛号航空母舰**

看完海狮海豹，我们驱车来到了中途岛号航空母舰停靠地。中途岛号航空母舰是一座20世纪40年代的航母，已退役，但其雷达仍然能正常工作，如今它作为博物馆供人们参观。每人花费20美元，学生15美元，就能走进航母。我们是第一次见到航

◆庞然大物之中途岛号航母

母，自然毫不犹豫买票进入，令人惊喜的是这里竟有中文导览，看来来此游览的中国游客还不少呢！走进这个庞然大物，内舱就是一个地下城市，这里的生活设施应有尽有，而航母上面还停着各式各样退役的飞机，保持着随时准备战斗的姿态。想到美国20世纪40年代就有这样巨大的航母、这样先进的技术，不得不令人肃然起敬！几十年过去了，美国的航母技术更先进了，看来中国想赶上美国还有很长的路要走！

◆胜利之吻

值得一提的是，在航母停泊的岸边，有一个非常著名的雕像，那就是“胜利之吻”，它记录了一个激动而温馨的场面！据说，第二次世界大战期间，当中途岛号航母凯旋之时，一位士兵情不自禁地与他见到的第一个女护士接吻，而这个画面恰好被一位摄影师捕捉到了，而后它被制作成雕像让后人永远记住这一美好时刻。

☆ **墨西哥老街**

游完中途岛号航母，天色已晚，我们驱车来到墨西哥老街，它位于圣地亚哥老城（Old Town SAN Diego）中心。据司机讲，这里最早是墨西哥的土地，16世纪成为西班牙的殖民地；1821年，墨西哥摆脱西班牙殖民，这里为墨西哥所有；1848年美墨战争后，这里成为美国的一部分。几百年过去了，这里仍然保持着原汁原味的墨西哥风貌。夜色中，虽然看不清它的全貌，但是漫步在整齐的街道上，浏览着琳琅满目的商品。走进一家人气超旺的餐馆品尝墨西哥风味餐，我们也算是体验了一回墨西哥独特的风情了！

短短的一天，我们亲近了海狮和海豹，游览了中途岛号航母，感受了墨西哥老街的独特风情，让我们增长了见识，也为我们的团聚之旅画上了一个圆满的句号。明天，我们将回到各自的出发地，再见了，美西！

★圣地亚哥是一个著名的旅游度假胜地，这里的景区很多，中途岛号航空母舰、拉霍亚海滩、圣地亚哥老城、圣地亚哥海洋世界、巴波亚公园、卡尔斯班花海、圣迭戈古城历史公园、科罗拉多岛等；

★从洛杉矶前往圣地亚哥旅游，如果你只有一天的时间，最好参加一日游旅游团或自驾前往；

★在圣地亚哥海滩可近距离观看海豹和海狮，它们看起来比较温顺，但打斗起来十分凶猛，游客要特别注意安全；

★到圣地亚哥旅游，中途岛号航空母舰不容错过，它既是美国爱国主义的教育基地，又是了解航空母舰知识的最佳场所；

★墨西哥老街至今仍保持着原汁原味的墨西哥风貌，一定要前往游览并品尝当地的墨西哥风味餐。

西游记

来到美国已经 7 个多月了，作为旅游管理专业的教授，我应该利用在美访问的时机，对美国的旅游资源现状作一个全方位的考察。这不，机会来了，四位志同道合的访问学者准备开始一场特别的美国中西部自驾之旅。说它特别，是因为这趟旅程时间长，跨度大，从美东到美西，行程万里，而且我们来自不同的地区，不同的专业，年龄不等，萍水相逢，一拍即合。我们的领队是一位年轻的博士，他极富探险精神，在美国拿到驾照不足半年，从未进行过长途自驾旅行，但是他信心满满，美其名曰这次旅行是一次新的“西游记”。经过筹划我们的安排是：

时间：一个月。

人数：4 人，二男二女。

路线：匹兹堡（Pittsburgh，宾夕法尼亚州）—芝加哥（Chicago，伊利诺伊州）

—斯普林菲尔德市（Springfield，密苏里州）—圣路易斯（Saint Louis，密苏里州）—堪萨斯市（Kansas，堪萨斯州）—丹佛市（Denver，科罗拉多州）—拱门国家公园（Arches NP，犹他州）—盐湖城（Salt lake city，犹他州）—大提顿国家公园（Grand Teton NP，怀俄明州）—黄石国家公园（Yellowstone NP，怀俄明州、蒙大拿州与爱达荷州交界处）—旧金山（San Francisco，加利福尼亚州）—圣芭芭拉（Santa Barbara，加利福尼亚州）—洛杉矶（Los Angeles，加利福尼亚州）—大峡谷南峡（Grand Canyon NP，亚利桑那州）—拉斯维加斯（Las Vegas，内华达州）—宰恩国家公园（Zion NP，犹他州）—布莱斯国家公园（Bryce Canyon NP，犹他州）—羚羊谷公园（Antelope Valley Park，亚利桑那州）—石化林国家公园（Petrified Forest NP，亚利桑那州）—盖洛普镇（Gallup，新墨西哥州）—阿马里洛（Amarillo，德克萨斯州）—俄克拉荷马城（Oklahoma City，俄克拉荷马州）—圣路易斯（Saint Louis，密苏里州）—印第安纳波利斯（Indianapolis，印第安纳州）—哥伦布市（Columbus，俄亥俄州）—匹兹堡（Pittsburgh，宾夕法尼亚州），行程跨越 16 个州，16 个重要城市，8 个国家公园，1 个印第安人公园。

●风之城——芝加哥

4 月 26 日，酝酿已久的美国中西部自驾之旅终于从匹兹堡开始了。坐上领队自购的小汽车，我们亲切地称它为“白龙马”。为了避开上班高峰，早上 7 点，我们一行四人就已集结完毕出发了。天公也作美，阳光明媚，微风吹拂，似乎在为我们送行，一路上大家都有些激动，有些兴奋，这可是在异国他乡四个萍水相逢的来自国内的访问学者第一次结伴而行啊！

◆我们的“白龙马”

但是，出师不利！时间过去了两个小时，差不多 9：15 吧，同行的小周发现我们的路线竟然走反了，原来我们的司机小毛把终点定位到了位于新墨西哥州的芝加哥分校去了，幸亏发现得早，否则越走越远，但这也丝毫没有影响我们的心情，我们及时调整，直奔伊利诺伊州的芝加哥大学主校区。傍晚 6 点，我们一行终于抵达芝加哥大学。

☆ 芝加哥大学

芝加哥大学是一所建于 1890 年的、久负盛名的高等学府，世界上 30%的诺贝尔经济学奖获得者都出自这里，来这所知名大学感受一下它那浓厚的人文氛围一直是我们的梦想，今天这个梦想实现了。芝加哥大学不仅历史悠久，学术水平一流，而且校园十分美丽。其中最有特色的就是它那古色古香的哥特式建筑群了。一座座尖顶式建筑保存得十分完好，显得既厚重、庄严，又不失华丽。透过小小的门楼走进去，就进入了一个神圣的学习殿堂，莘莘学子行色匆匆，或赶往教室，或赶往图书馆，或坐或躺在校园的椅子上，或坐在草坪上，自由自在，无拘无束，他们拿着书本或电脑在知识的海洋中遨游……

芝加哥大学有 6 座图书馆，最有特色的就是这个玻璃穹顶式的图书馆了。它是现代艺术的杰作，但是置于这古色古香的建筑群内，却一点也不显得突兀，反而是一种古典与现代的完美结合，让人赏心悦目！我们走进图书馆游览了一下，这里进进出出的学生很多。图书馆还有一些历史和艺术方面的展览，让我们感受到了浓厚的学术和艺术气氛！

◆芝加哥大学的门楼

◆古色古香的哥特式建筑群

继续向前，走进院内，这里可是别有洞天，只见墙上爬满了绿色的藤蔓，鸟语花香，美丽极了。我在想，在这样美丽的环境里学习，哪有不努力的道理！难怪这里人才辈出！

◆玻璃穹顶式的图书馆

◆ 爬满藤蔓植物的教学楼

◆美丽的校园

由于到达芝加哥大学时已是黄昏，我们只是匆匆一瞥，算是到此一游吧！

☆“暴走芝加哥”

4 月 27 日，我们按计划“暴走芝加哥”，来感受美国第三大都会①的魅力！虽然天气预报播报有雨，但老天十分眷顾我们，只是阴沉着脸，没有下雨，我们却感受到了风之城的魅力！时值春天，似乎芝加哥的春天来得有点晚，凛冽的寒风把我们冻得够呛，好像又回到了寒冷的冬天！但呼呼的北风没能阻挡我们前进的步伐，我们首先来到海军码头（Navy Pier），它位于密歇根湖畔，密歇根湖是美国五大湖之一，今天我们近距离接近湖泊，它给人的感觉就是大而干净。海军码头曾经是第二次世界大战用来训练海军及集会的广场，也曾是伊利诺伊大学最初的临时场地，如今则是芝加哥最有名的娱乐广场。我们一行只是绕着湖边走了一下，只见湖边停泊着很多船只，湖中帆船点点，远处是鳞次栉比的高楼大厦，它们构成了一幅美丽的画卷。我想，如果是风和日丽的日子，它一定更加辽阔而美丽，可惜我们运气不好，没能欣赏到。很多人来到这里都会乘船游览一

◆密歇根湖畔

① 美国第一大都会为纽约，第二大都会为洛杉矶。

下，但这不是我们的主要目的，我们的目的明确——“暴走芝加哥”。

芝加哥是美国摩天大楼的发源地，据历史记载，以前芝加哥多是低矮的木质房屋，但它们在 1870 年的一场大火中被烧成灰烬，因此这里的房屋大多是 1870 年以后重建的，与此同时也开启了美国建设摩天大楼的先河。据说，芝加哥现在 40 层以上的楼宇共有 60 多座，它们巍峨壮观，是芝加哥的魔力所在，而这些摩天大楼主要集中在密歇根大道两旁。

我们直奔著名的密歇根大道，发现街道上热闹非凡，游人接踵而至，一个个街心公园成为人们游览休闲的场所，美国第三大都会的名声真是名不虚传啊！虽然时间短暂，我们没能体验芝加哥的博物馆、美术馆的魅力，但所到之处也同样给了我们一些美的享受。

我们来到著名的特朗普大厦，因为特朗普成为美国新晋总统，而使它名声大震。来到芝加哥河边，只见一幢摩天大楼拔地而起，直插云霄，特朗普几个大字赫然在目，气派而又霸气！游客们纷纷顿足，与特朗普大厦合影留念。此处也是每年 3 月 17 日圣帕特里克节（St. Patrick’s Day）——爱尔兰国庆节庆祝的场地，届时，人们穿着绿色的服装，戴着绿色的帽子，把自己涂成绿色来到这里游行狂欢。

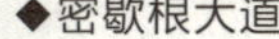

◆密歇根大道

◆TRUMP（特朗普）大厦

千禧公园（Millennium Park）是“后现代建筑风格”的完美展现之地，它是由著

◆充满创意的千禧公园

◆充满创意的云门

名建筑设计师弗兰克·盖里设计完成的，面积为24英亩，共耗资5亿美元。走在公园内，处处可见新颖而充满创意的雕塑，它们亲民而幽默。

云门（Cloud Gate）体积庞大，外形却很可爱，远远看起来很像一个巨大的豆子；它也像一面巨大的镜子，把街对面的摩天大楼和芸芸众生都反射出来带到云门里面，游人的影像更是非常夸张地被折射了出来，引起了一帮年轻人的好奇，他们不时发出一阵阵欢快的笑声。

◆格兰特公园的雕塑

格兰特公园（Grant Park）是芝加哥市中心面积最大、最幽静的休闲之处。这里有一组很奇特的雕塑，只有人的下半身，这是一种抽象的艺术，但非常令人震撼。在公园中央，有一座1927年建成，至今仍为世界第一大的照明喷泉——白金汉喷泉，它直径达85米，中心水柱及四周几百道水花由电脑控制着，水柱最高达45米。据说每到晚上，各色灯光从喷泉底下照射上来，璀璨耀目，蔚为壮观，成为芝加哥夜景最漂亮的地方，可惜我们时间有限，不能一睹为快了。

◆菲尔德自然史博物馆

菲尔德自然史博物馆（Field Museum of Natural History）是一座庞大宏

伟、庄重典雅的古老建筑物，它建立于 1906 年，共收藏及展出了从埃及木乃伊到中国西藏民族服饰、从史前恐龙骨架到美洲原始建筑等 2000 万件稀世珍品，按时间顺序再现了人与自然千万年来的演变进化历程，堪称当今世界上品种最齐全、规模最宏大的生物博物馆。由于需要赶路，我们也只在门前留影作纪念了。

壮丽一英里（The Magnificent Mile）是密歇根大道最繁华的一段，这里有整齐而美丽的行道树、宏伟的摩天大楼、顾客盈门的商店以及赏心悦目的橱窗。它荟萃了全球著名的大商场（这里是世界一线品牌的集中之地）、大酒店和大餐馆，足可与纽约曼哈顿第五大道、巴黎香榭丽舍大道以及东京的银座媲美，它是购物者的天堂。

☆ **友善的房东**

在芝加哥只停留了两天，我们的住宿是通过爱彼迎（Airbnb）预订的，这是位于芝加哥郊外的一处民宿，它给我们此次芝加哥之行留下了深刻印象。房东是一位 79 岁的老太太，她身体十分硬朗并协助儿子打理民宿生意。短短的接触让我对这个美国家庭有了一些感慨：一是房东热情好客。老太太非常喜欢与客人攀谈，她每天早上 6：30 起床为房客准备咖啡、茶水、点心等，这为她的老年生活增添了乐趣。二是她的儿子们对她十分孝顺，这完全颠覆了我对美国家庭的印象。每天一大早，她的两个儿子都会来看望她，顺便打理一下爱彼迎生意。他们的爱彼迎生意做得很不错，据说 10 月份之前的床位都已预订一空，我们算是运气，因为有人退房，我们才得以订到床位。

对芝加哥虽然只是匆匆一瞥，但它足以让我们体会到美国第三大都会的魔力，足以让我们难以忘怀！

★4 月底的芝加哥仍然寒风凛冽，无愧于“风之城”的名号，建议 5 月至 9 月来此旅游；

★穿一双舒服的鞋很有必要，因为您一定要暴走密歇根大道，这是感受芝加哥的繁华与魅力的最佳选择；

★芝加哥是观赏摩天大楼的最佳场所之一，最佳观赏地点主要在博物馆区、密歇根湖岸和芝加哥河岸，这些地方能拍出意想不到的效果；

★来芝加哥旅游，不能不逛博物馆，如果您只有一天的时间，那么就选择芝加哥艺术博物馆，如果您的时间充裕，科学与工业博物馆和现代艺术博物馆等也很值得一看。

●寻觅美国的母亲之路——66 号公路畅想

◆66 号公路的路标

66 号公路起始于伊利诺伊州的芝加哥，穿越密苏里州、堪萨斯州、俄克拉荷马州、德克萨斯州和亚利桑那州，一直到加利福尼亚州洛杉矶的圣蒙尼卡，全长 2450 英里。66 号公路始建于 1926 年，1938 年才宣告全程完工，它恰逢西方世界为之色变的经济大萧条时期，直到 1985 年被弃用，它象征着伟大的美国人民一路走来的艰辛历程，因而被称为美国的怀旧之路，也被称为美国的母亲之路。然而，说到 66 号公路，我们在谷歌上竟找不到入口，问一些当地人也不知情，真是太奇怪了！后来，我们想明白了，因为第一段 66 号公路早已废弃，它已被新的 55 号州际公路所代替，而在行进中，我们也时而发现 66 号公路的踪迹。看，这就是我们见到的 66 号公路的路标！

66 号公路沿线有很多著名的城市，我们去程主要探寻了两个重要城市：斯普林菲尔德市（Springfield）和圣路易斯市（St. Louis）。

☆ 斯普林菲尔德市

我们驱车来到伊利诺伊州的首府——斯普林菲尔德市（或称春田市），它是 66 号公路的重要节点，也是林肯之地。林肯是美国历史上最伟大的总统之一，他从这里起步，从律师做到州长，最后做到总统，在其任总统期间，美国爆发内战，史称南北战争，他废除了黑人奴隶制，但引起了奴隶主的仇恨，内战结束后不久，林肯遇刺身亡，被葬于这里的林肯墓中，被后人悼念。

斯普林菲尔德市虽说是首府，但整个城市不大，大多景点都可步行到达，城内人也不多，房屋大多比较低矮，街道很整洁。这里处处可见林肯的足迹，林肯故居、林肯博物馆、林肯图书馆、林肯墓，甚至我们租住的民宿也被称为林肯公园，大街上随处可见林肯的雕像，以及以林肯命名的建筑。

这座城市因林肯而著名，其本身也是一个古色古香的城市，除了老联合车站、州议会大厦、教堂等古建筑外，林肯的故居也是一处古建筑，而且保存得十分完好。我们租住的房屋是一处有100多年历史的老房，它掩映在一片绿树丛中，厚重、大气、漂亮。

◆街头林肯的雕像

◆老联合车站

◆州议会大厦

◆林肯博物馆和林肯图书馆

◆林肯故居

◆居住的民宿——林肯公园

值得一提的是，这座城市消费水平较低。首先，停车十分便宜，道路两旁设立了一个个秒表，只需投入$0.5 就能停一个小时，到一家 Shop' n Save 超市购物，买到了来美后最便宜的鸡蛋，$1.00 买了 36 个，这相当于白送啊！

☆ **圣路易斯市**

圣路易斯市是 66 号公路上必经之地，这是一个充满人文气息的城市，在这里我们开启了文化之旅。

西进之门——圣路易斯是进入美国西部的门户，它的别称就是西进之门，其标志性建筑就是一个巨大的拱门（The Gateway Arch），它的正式名称为“杰弗逊国家扩张纪念碑”（Jefferson National Expansion Memorial）。1803 年美国总统托马斯·杰弗逊（Thomas Jefferson）派遣了探险队跨越密西西比河进行西部开发，为了纪念当年的西进拓荒精神，美国政府在圣路易斯市密西西比河畔特地修建了举世闻名的西进之门，它于 1963 开始建设，直到 1965 年才竣工，整整花了两年的时间。只见它东西相向而开，南北高耸而立，简洁、明快，像一座直通云霄的天桥，更像一道立在大地上的长虹。

◆雨中的西进之门

来到圣路易斯，迎接我们的是淅淅沥沥的小雨，朦胧中透过车窗我们看到了这个巨大的拱门耸立在城市的入口处，非常壮观！远远地望着它，不由得让人产生一种敬畏。

圣路易斯大学——在寻找大教堂的途中，我们意外与它邂逅了，这是一所十分精致、漂亮、充满着宗教气息的大学，也是我们在美国见到的第一所有校门的大学，校门上还有学校的标识。校园内一幢幢建筑如一座座漂亮的城堡，最漂亮的一幢建筑是一个艺术馆，其中收藏了很多艺术珍品。校园内到处都是雕塑，它们有的在沉思，有的卧于绿树丛中，有的在展现阳刚之美，而小天使的雕塑也是如此精美！校园的中心是一座尖塔，上面有一个钟，四周是喷泉，小巧而精致，徜徉在美丽的校园之中，让人流连忘返，不愿离去。校园一角是一座灰白色且高大气派的天主教堂，向人们展示这里曾是一所教会大学。除了这座灰白色教堂，整个校园的建筑都为红色，在绿色的草坪和树木的映衬下，是如此和谐，如此美丽！试想在这样的大学里学习和工作，是多么惬意啊！

◆圣路易斯大学（有校门）

◆艺术馆

◆精美的雕像

华盛顿大学是圣路易斯市另外一所著名的大学，它的建筑虽然不如圣路易斯大学精致，但校园更为开阔、大气，其景致同样引人入胜，但由于我们必须赶路，没有细细地品味。

◆校园中心的尖塔

◆ 华盛顿大学

匆匆别过圣路易斯市，我们就偏离了66号公路，接下来我们要赶往堪萨斯州的堪萨斯市——我们将在这里停留一晚。“白龙马”一路向西北方向行进，让我们深感美国地大物博，幅员辽阔。一路上，一马平川的地势让我们的“白龙马”开得飞快，人很少，映入眼帘的几乎都是大片的农田和草场，一群群牛在悠闲地吃草，偶尔看到大型的喷灌机械竖立在田野之中。一路的田园风光，我们却是无心欣赏，因为雨越下越大，有一阵子，甚至是瓢泼大雨，视线模糊，而且伴随着电闪雷鸣，如此恶劣的天气，据说是龙卷风在肆虐，我们碰巧遇到了。路上车仍然很多，车速很快，连大货车也开得飞快，一路上险象环生，特别惊险的是我们前面一辆小车突然刹车，幸亏我们的司机反应很快，及时刹车，否则后果不堪设想。我们惊出了一身冷汗，现在回想起来都有些后怕，好在有惊无险，最后我们终于安全抵达堪萨斯市。

短短的两天，我们跨越了三个州，从伊利诺伊州到密苏里州，再到堪萨斯州，我们有幸经历了66号公路上两个重要的城市——斯普林菲尔德市和圣路易斯市，感受到了美国广阔无垠的田野和恶劣的天气。

◆美国中部广阔无垠的田野

★美国66号公路主要是一个历史纪念之路，它的起点在芝加哥市中心，终点在洛杉矶的圣蒙尼卡，有些路段仍能通车，有些路段已被其他公路所替代，但66号公路的路标全程保持，让人追忆与怀念；

★美国66号公路沿线有很多知名城市，如斯普林菲尔德市、圣路易斯市等，它们都是美国的历史文化名城，是必游之地；

★美国66号公路沿线有很多大学，如圣路易斯大学、华盛顿大学等，它们都是中部地区著名的高等学府，学术水平高，值得游览；

★美国中部地区地广人稀，车速很快，加上春季天气变幻莫测，自驾旅游时要特别注意安全。

●惊魂一夜

人生总有很多无助或者惊魂的时刻，在美国中西部的旅途中，在风雪交加的时刻，我们就处于这样的境地。

4月30日，我们计划从堪萨斯州的堪萨斯市前往科罗拉多州的丹佛市。当我们行进到堪萨斯市时，还是淅淅沥沥的小雨，但随着我们继续西进，天气开始渐渐晴朗。而据天气预报，丹佛将是多云天气，看来老天还是很眷顾我们的。一路西行，坐着飞驰的小车，看着两边无垠的旷野，欣赏着满眼的绿色，我们的心情无比欢快！

但是，我们高兴得太早了，当我们来到海斯（Hays）小镇时就傻眼了：当我们走下高速为“白龙马”加油，为自身补充能量后，发现风云突变，气温骤降，狂风大作，天空开始下起鹅毛大雪，海斯小镇的州际高速的主要入口已被封闭。好不容易找到一个高速入口，驱车来到科肯尼镇时，州际高速又被封闭了，甚至州内高速也被封闭了，这次真的没辙了。我们只好来到镇上的麦当劳，这里已聚集了很多像我们这样的人。事实就是我们被彻底地困住了，我们必须在这个小镇滞留。但从另一个角度看，我们又是不幸中的万幸，美国的高速服务区或小镇大都有麦当劳，它们为旅途中的人们提供了方便，尽管我们什么都没有消费，也能在这里遮风避雨，这充分体现了美国一家知名企业的社会责任感，也让我们这些外国人深感安慰！

风雪交加，天气变得更恶劣了，我们冻得瑟瑟发抖。从电视上，我们了解到巨大的龙卷风正在席卷美国中东部，而我们碰巧赶上了。怎么办？首先必须解决住宿问题，尽管我们离预订的民宿的距离并不太远，但我们无法抵达，好在房东理解我们的处境，取消了订单。我们赶紧联系附近的旅店，却是全部爆满，难道今晚我们将露宿街头？我们能否在麦当劳度过一晚？想得太美了，麦当劳要关门，当然他们也好心地推荐我们去附近的公共服务中心。

◆滞留在麦当劳

外面气温更低了，狂风伴随着雨夹雪，地面也结冰了，但我们不得不离开麦当劳，找到了麦当劳职员推荐的服务中心，却是大门紧闭，我们真是欲哭无泪了。情急中，我建议大家随便找家旅馆（Inn），即使在大堂度过也好过在外面流浪啊！很快我们就找到一家西部最佳旅馆（West Best Inn & Suits）。问：Do you have any rooms? 答：No. 问：Can we stay in your lobby? 答：You give me trouble. 就在我们差不多绝望时，幸运之神降临了，正好一位客人预订了房间却因故不能前来，我们终于住进了酒店唯一一间客房，房内两个大床，又加了一个小床，这辈子我还是第一次与三位男士（到达芝加哥后，女性同伴退出，芝加哥另一位男性访问学者加入）共处一室，真是尴尬！但又有什么办法呢？总比露宿街头要好吧！我

◆西部最佳旅馆

只能暗自叹息：这场暴风雪让我如此无助，如此狼狈！

★ 春季出行，特别是前往美国中部地区旅游，要注意防寒保暖；
★ 春季出行，特别是前往美国中部地区旅游，要注意收听天气预报，关注高速公路状况，及时调整旅游计划；
★ 美国的高速公路服务区，服务设施比较完善，最常见企业是麦当劳和赛百味（Subway），可前往暂时停留，并进行补给。

●**美丽的丹佛**

早就听说过丹佛市，它可是美国西部科罗拉多州的首府，一个全年阳光明媚，四季风情万种的度假胜地，特别是听说这里有一所著名的丹佛大学，更是让我们向往，当我们真正来到这里时，有些小激动。

5 月 1 日，天气转晴，尽管风挺大，积雪未化，但太阳露出了笑脸，最重要的是高速通了，我们简单吃过早餐就朝着我们的目标丹佛出发了。一路顺利，中午在一个服务区买了一个比萨，四人分吃，便宜又管饱。经过 5 个多小时的车程，我们终于抵达目的地。

◆晴朗的丹佛

丹佛的天气好极了，阳光明媚，湛蓝的天空中飘着朵朵白云，好像在迎接我们的到来。丹佛是个高原城市，平均海拔超过 1600 米，海拔超过 4000 米的山峰有 50 座，由于它的平均海拔有一英里，所以被形象地称为“一里高城”，它可是进入落基山脉的前沿！出于大学情结（顺便说一下，我们四人中有三人为大学老师，三人的专业为高等教育），大家一致同意去丹佛大学，去感受一下这所知名大学的人文气息。

丹佛大学建于 1864 年，是一所古老的学校，原来是一所神学院，后来才发展成为综合性大学，其中丹佛商学院久负盛名，是全美最好的商学院之一。走进商学院，顿时被这里的独特的布局和学术氛围所吸引，透过走廊，两边是一间间小型会议室，师生们可以在这里或工作，或学习，或讨论；楼下的会议室正在开一个学术会议，除了演讲者的声音，没有任何杂音，大家都在认真地聆听。学校掩映在一处绿树丛中，到处开满了鲜花，一幢幢古色古香的红色建筑坐落其中，显得漂亮、大气！同其他大学一样，学校中心也有一座塔楼，它是学校的最高点。大学生能在这所漂亮的大学里学习，也是人生难得的经历啊！

◆丹佛大学一景

◆丹佛大学一景

◆漂亮的森林别墅

◆春意盎然的室内陈设

◆女主人精心准备的美式早餐

丹佛的环境美，人也很善良。让人惊喜的是晚上我们竟入住了郊外一处漂亮的森林别墅，比起我们前一次住宿的困苦，这里简直称得上奢华。看起来至少有一百多年历史的别墅，外观十分气派，里面更是十分宽敞、华丽，想必女主人应该是一个十分有品位且热爱生活的人吧！她的起居室布置得像一个花园，一进去就让我们有一种眼花缭乱的感觉，一切超乎想象，这里应该是一个富裕之家！女主人十分热情好客，厨房收拾得井井有条，干干净净，各种餐具、作料满满当当，在这里我们做了一顿传统的中餐犒劳自己，大家吃得十分尽兴。最难能可贵的是，第二天一大早女主人为我们准备了正宗的美式早餐，让我们既惊喜又感激！女主人的诚信也让人感动，当然这是后话。由于粗心，我落下了手机充电器，小毛落下了相机充电器，而当我们完成了全部行程回到匹兹堡后，我们收到了女主人寄回的失物。

★ 绿树、野花、湖水和雪融为一体的景色，使丹佛这座西部城市异常美丽，丹佛值得停留。

★ 丹佛大学历史悠久，人文荟萃，建筑古色古香，到处鲜花盛开，是游客必游的景点之一。

★ 春季的丹佛昼夜温差大，白天温度可能达到25℃左右，夜间温度可能接近0℃，来丹佛旅游务必注意防寒保暖。

★ 丹佛海拔较高，紫外线较强，加之全年有超过300天晴天，墨镜和“50+”以上的防晒霜是很必要的。

★ 在丹佛旅游要遵守交通规则，自驾时不可乱停车，否则可能被警察罚款，因为美国警察执勤时是开车四处巡逻的。实际上这里停车场或免费，或收费较低，全天只需8美元。

●人间奇景之拱门国家公园

☆ 走进拱门国家公园

拱门国家公园（Arches National Park）是我们此次美西之行进入的第一座国家公园，它位于犹他州。我们将要从科罗拉多州穿越到犹他州，路途虽然遥远，但我们却非常期待。5月2日，我们用过早餐就开始向目标前进。风仍然冷飕飕的，但阳光普照大地，我们的心情十分愉快。一路上，由于鲜有警察，车速都非常快，甚至超过了90迈，

◆山坡上的积雪

◆休息区的积雪

充分显示了西部人的狂野。路上的景色变幻万千，刚才还是晴空万里，不一会儿就阴云密布。当我们的车开始上坡，一座座雪山就出现在眼前，煞是好看。

2个多小时后，我们到达一处不知名的休息区，推开车门，凛冽的寒风扑面而来，天气是雨夹雪，四周冰天雪地的。

休息过后，我们的车开始下坡，雪景少了，却下起了中雨，四周雾气弥漫，能见度非常低，好一个恶劣的天气！透过车窗，我看到一座座山峰虽然没有裸露，但是植被却比较稀疏，同时一栋栋民居从眼前划过，我在心里感叹：生活在落基山脉腹地的美国人民也不容易啊！

越来越靠近拱门国家公园了，路上开始出现红色砂岩地貌，我们猜想拱门国家公园应该就在前方。下午4点，我们终于赶到拱门国家公园游客中心（Arches NP Visitor Center），虽然天色不早了，我们仍决定进去一探究竟。没有想到的是，我们一辆车只需买一个80美元的年卡，这个年卡十分有用，它可以在美国58个国家公园畅通无阻，我们可是在享受美国人民的福利啊！

拱门国家公园占地309平方公里，它的形成可是有年头了。据资料介绍，3亿多年前，这里沉积了大量的海积物，后来地壳抬升，经过几亿年的风化剥蚀，才形成了今天我们所看到的形状各异的红色砂岩地貌，有点类似中国的丹霞地貌，只见它们有的如城堡，有的如活灵活现的动物，有的似栩栩如生的人物，特别是据专家考证这里竟有2000多个拱门，其中最著名的是精致拱门（Delicate Arch）、平衡石（Balance Rock）、南北之窗（South Window and North Window）和

◆拱门国家公园游客中心

Landscape Arch，只可惜我们来得太晚，荷枪实弹的警察告知我们这里要关闭了。最后，我们找到一处盐地拱门（Salt Arch）一睹为快。这个拱门不大，但很有特色，要看到它的真面目，必须走过一段细细的红色沙子路，哇！终于我们见到了它，只见它稳稳地藏在岩石深处，小巧而别致。虽然没能看到其他拱门，但大面积的石柱、石墙形状的红色地貌让我们兴奋不已。

◆ 沙地深处的盐地拱门

◆石墙

天色已晚，我们不得不暂时离开公园，去寻找我们的住宿之地。经过 50 多分钟的车程，我们来到犹他州（UT）摩伯（Moab）小镇，我们预订的民宿位于一片旷野之中。民宿的外观虽然不起眼，但它的环境真是太好了，在落日的余晖下，民宿泛着光芒，对面是白雪皑皑的山峰，旁边是郁郁葱葱的森林，而民宿内部设施十分齐全，到处挂着主人的绘画作品，并且是明码实价，显示出了房东的艺术品位和商业头脑。在这寒冷的夜晚，我们生起了火炉，房间顿然温暖起来。我们做了三菜一汤，又吃了烤红薯，体验了一回美国乡村生活的乐趣！

◆民宿前的荒原

☆ 再进拱门国家公园

第二天是一个艳阳天，应该说这是我们出行以来天气最好的一天，但愿好天气一直伴随着我们！

但不巧的是，经过多日的长途跋涉，我们的车出了点状况，修车是当务之急。一大早，我们先去加油，经加油站的职员介绍，我们驱车来到不远处的一个汽车修理厂，修车师傅帮忙检测了一下，调整了一下数据就 OK 了！令人惊奇的是他竟不收费，看来这里的民风还是非常纯朴的！

既然车没有问题，我们就继续拱门国家公园之旅吧！以弥补昨天的缺憾。首先我们来到了景区标志性的景点——平衡石。这块巨石太奇特了，远看让人想起了台湾的“女王头”，近看却是一个巨大的火炬，它以不同的角度展示着它非凡的美丽！继续前

◆平衡石

◆双拱门

◆精致拱门

◆南北之窗

进，我们终于看到了景区内几个比较有代表性的拱门——双拱门（Double Arch）、精致拱门、南北之窗，我们不得不惊叹大自然的造化，真是太神奇了！

◆石城堡

除了这些标志性的景点，在蓝天的映衬下，在阳光的照耀下，各种各样的地貌形态，拱门、石墙、石柱、石城堡等，它们散发出金色的光芒，让人陶醉，让人不忍离去！

但我们必须离去，因为我们下一个目标是盐湖城。

一路上，越走越荒凉，植被越来越少，基本呈半荒漠状态，却是一步一景，给人一种荒凉的美！这里的人烟非常稀少，在这样恶劣环境下生存应该不容易！同伴开玩笑：我们来拯救美国人民了！

在这样的路上开车要十分小心，因为警察随时可能出现，这不，我们正走着，一辆警车忽然呼啸而过，逼停前面一辆超速的小汽车，看来那辆车要被罚款了！

中午，我们来到一处米勒（Miller’s）服务区，这里有快餐店赛百味（Subway），我们为“白龙马”加油，也为我们自己补充能量，我们又一次借用美国人的地盘，用馒头、矿泉水和橙子打发了一餐。

◆米勒服务区

中途，我们来到一个休息区，这个休息区可不一般，外面看似简单，里面却是别有洞天，原来这里是一个小型展览馆，向路过的游客展示犹他州的发展历史和美丽的风景，以及铁路的发展史。这里展示了一个火车头、一段铁轨和一个信号站。除了展览，这个休息区还有一个宠物区（Pet Area），看来美国的服务区真是很人性化啊！

◆雷顿小镇一家民宿

晚上，我们入住盐湖城雷顿小镇（Layton）一家民宿。这家民宿是一个年轻人经营的，由于前一天没有 WiFi，我们没有接到房东的信息，因而傍晚来到此处，主人也不在家，房间狼藉一片，空空如也，我们好失望！经与房东联系，他让我们等一个小时再来，当我们再次来到房东家时，神奇的一幕出现了，一切变得像模像样了，真是太不可思议了！

特别注意

★ 到拱门国家公园旅游一定要选择阳光明媚的天气，最佳的观赏时间是早晚，但是要注意下午 4：30 后一些景点关闭，游人不得进入；

★ 拱门国家公园没有区内巴士，游客必须自驾或参团前往；

★ 拱门国家公园可买年票（其他国家公园通用，一车一票，80 美元），可多次进出，既方便又省钱；

★ 进入景区旅游最好先到游客中心进行了解，获取旅游地图；

★ 到拱门国家公园旅游，平衡石、双拱门、精致拱门、南北之窗等景点千万不要错过，它们是公园内最具代表性的景点。

●冰雪世界之大提顿国家公园

5 月 4 日，我们从盐湖城出发，目标锁定大提顿国家公园（Grand Teton NP）。好天气仍然伴随着我们，蔚蓝色的天空中飘着朵朵白云，气温也不低，让人真正感到春天般的温暖。带着这样的好心情，我们开始了下一段旅程。

说到盐湖城，从地质构造上看，这里四周都是高大的雪山，中间是盆地，盐湖城就位于盆地之中。由于地势和纬度较高，这里大多呈现半荒漠状态，适宜低矮的灌木和草本植物生长，是牛、羊和马的乐园。只有在水热条件相对好的地方，才出现大片农田，这里生长着小麦、玉米等粮食作物。

由于前一天开了一整天车，两位司机都很疲倦，没能前往盐湖城几个知名景点游览，如摩门教大教堂、圣殿广场、市政厅等，也算是有些遗憾吧！该市被称为盐湖城，是因为有一个盐湖，从网上的照片看，由于盐的沉积，它呈现出十分奇特的圆形图案，我们何不去看看？于是大家一致决定前往探究一下。但是，盐湖太远了，一路都是沙石路，路边都是荒漠，只有零星的牛儿在悠闲地吃草，盐湖还没有踪影，为了不影响下一段行程，我们不得不放弃盐湖，中途却有一个意外的收获，我们误打误撞，来到了犹他州金穗国家历史遗址（Golden Spike National Historic Site Utah），这是一处美国南太平洋铁路的纪念地。说到太平洋铁路的修建，它凝聚了华工的斑斑血泪，据统计，19 世纪 60 年代，中国有 12000 名华工参加了美国横贯东西部大铁路的修建工作，太平洋铁路工程有“每一公里的路轨下埋葬着一个华工”之说。这里至今仍然保留着一段遗址，我们还看到工作人员举行了简单而庄严的升国旗仪式呢！说到国旗，美国人非常喜欢，无论是家里，还是公共场所，到处都悬挂着国旗，这可是美国人爱国的表现啊！虽然我们没能一睹盐湖的真容，但了解了 1864 年美国铁路建设的一段历史，也感到稍许安慰了。

◆摩门教大教堂

◆市政厅

◆圣殿广场

◆鸟瞰盐湖

◆犹他州金穗国家历史遗址

告别了犹他州金穗国家历史遗址，我们一直向北，从犹他州向怀俄明州进发。一路上，不再是荒漠，而是大面积的农田。美国的农业全部实行了机械化，农田中很少看到农民，只看到很多大型机械，比如巨大的喷灌设备，同时也看到大量粮仓，这种粮仓与中国的不同，它们有着金属外壳和仓门，四周还有很多出气孔，比起中国农民的粮仓，它们有着更好的透气性和密封性，也更为科学和完善。

◆巨大的喷灌设备

◆粮仓

下午 3：00，我们终于到达目的地——大提顿国家公园。大提顿国家公园位于美国怀俄明州西北部，黄石国家公园以南，整个公园属于落基山脉的一支——大提顿山脉，它长约 60 公里，宽约 20 公里，有 8 个山峰的海拔超过 3658 米，其中最高的大提顿山峰海拔 4198 米。大提顿山脉隆起后，经过数百万年的侵蚀作用，冲刷掉了山脉外部比较松软的沉积岩层，留下了内部坚硬的花岗岩和片麻岩，而后大约在 15 万年前的冰河时期，此地气候逐渐变冷，年复一年的厚雪累积使这里成为一个典型的冰川公园。雪山、冰川、河流、湖泊、森林、野生动物在这里构成了一幅幅秀美的画卷！

首先，我们来到了游客中心，拿到景区地图，咨询了工作人员，景区很成熟，整个园区道路呈环形，我们只需按图索骥，一个个景点玩就可以了。我们一行乘着“白龙马”开始游览，只见左边是连绵不断的雪山，巍峨的山峰高耸入云，最高峰就是大提顿山，它犹如天主教堂的尖顶，直插云霄，在阳光的照射下，发出神圣的光芒！在这些雪山上，可以看到很多条冰川直泻而下，这可是我第一次近距离看到如此大规模的冰川地貌，兴奋和激动的心情无法形容。

◆公园内的雪山

◆公园内近 2 米深的积雪

而在雪山之下，是一个个高山湖泊镶嵌其中，犹如一个个高山明珠，其中最大的一个湖泊是杰克逊湖（Jackson Lake）。杰克逊湖长约 26 公里，最深达 130 米，它是那么的宁静、纯洁！透过湖泊，可以看到雪山与森林的倒影，简直就是人间仙境啊！

◆美丽的杰克逊湖

回程时，远处是雪山，而近处是广阔的草原和蜿蜒的蛇河。在这个草原之上，开满小黄花，不时出现一片片郁郁葱葱的松林。据说这里有很多野生动物，可惜我们一个也没有看到，看来是我们这些不速之客惊扰了它们。

啊，美丽的大提顿国家公园！在这里，冰川依偎着山峰和峡谷，湖泊映衬着蓝天和森林，蛇河蜿蜒，流水潺潺，游客们徜徉其中，好一幅人与自然和谐相处的画面！你让我如此依恋，如此不舍！

晚上，我们赶往德里格斯（Driggs）小镇的民宿。这里环境依然美丽，但房东大叔可没那么友好，脸上没有一点笑容，而且找他借什么都说没有，网络也不给力，他把爱彼迎民宿做到了极致，小小的房间挤满了四张小床，但设施基本齐全，让你无法挑出毛病，这是我们住的最差的一处民宿了。但这也难不倒我们，我们利用携带的炊具仍然做出了美味的晚餐，这可能是房东没有想到的吧！

特别注意

- 春季不是旅游的最好季节，气温较低，注意保暖；
- 景区没有区内巴士，游客需自驾或参团前往；
- 景区水质清澈、洁净，要注意环保；
- 景区道路弯道较多，且崎岖不平，加之可能有冰雪覆盖，也可能有野生动物出没，所以开车要格外小心，千万不要超速；
- 因为景区内道路两侧没有路灯，为了保证游人安全，最好在太阳下山前开车离开景区；
- 景区每年5月1日开放，12月25日关闭。

●大美黄石国家公园

又是一个艳阳天，但愿好运气一直伴随着我们。5月5日，我们的目标是此行最重要的目的地——黄石国家公园（Yellowstone NP）。这个位于蒙大拿州、爱达荷州和怀俄明州三州交界处的国家公园，是世界上第一个国家公园，建于1871年，公园位于黄石高原（Yellowstone Plateau）之上，平均海拔2400米。多次火山喷发和地震使这里成为地壳运动非常活跃的地方，而遍布公园的温泉、间歇热泉等正是地壳运动活跃的证明。过去，我只能从电视上了解它，无数次在梦中梦见它，今天这个梦终于实现了。黄石公园有四个门，每个门开放时间不同，大家一商议，决定从西门进入。

◆田野之中的花马

◆公园内美丽的雪景

一路上，远远看到的仍然是皑皑的雪山，两边是满眼的绿色，间或有些树木还只是发点嫩芽，看来这里的气温比其他地方低。在这绿色的田野之上，成群的牛羊马在那里安静地吃草，突然间我们发现一群黑白相间的花马，如同以前看到的花奶牛，很特别，很有趣！怎会有这种颜色的马？以前还真的没见过。

1小时52分后，我们终于抵达游客中心。

黄石国家公园主要景区呈“8”字形，分上“8”字和下“8”字，今天我们决定玩下“8”字。由于前几天刚刚下过雪，有些路段被封闭了，但除了西拇指（West Thumb）温泉，大部分景点都能观赏到。因天气寒冷，我们意外地看到了雪域美景，那些残留在山坡上的积雪，如同在大地上画出的一幅幅图画，在蓝天白云的映衬下，真是美极了！

黄石公园的美，美在自然，一路变换的美景让我们应接不暇，让我们惊叹不已！比起前一天看到的大提顿国家公园，这里的景色更为大气，内容更为丰富，各种构景元素应有尽有，森林、草地、雪地、峡谷、河流、湖泊、地热泉、黄色的石头以及各种野生动物等，它们共同勾勒出一幅幅美丽的画卷。

在这里，我们有幸看到了好几种野生动

◆公园内蓝色的湖泊

物，最多的就是野牛了，它们通体呈黑褐色，长得有点像牦牛，但身上的毛却比较少，警惕性很高，当人们走近它们时，它们就会怒目而视，难怪景区安全须知告诫游客必须远离野牛30米，它们有攻击性。但是野牛却不怕人，它们有的在草地上吃草，有的在马路上闲逛。第二多的就是野鹿，它们完全无视我们的存在，这不，河对岸就是一群野鹿，它们或者躺在草地上休息，或者慢慢地吃着青草。远远望去，蓝天、白云、森林、草地、野鹿，多么和谐的一幅自然画卷！走过一个清澈见底的湖泊，又看到几只野鸭在湖里游弋，好宁静的画面！最为难得的是我们看到一只狼，人们拿着各种相机，追逐着它的脚步，看来他们在这里等候很久了，终于等到了狼的出没，但可惜的是，狼很快就消失在森林之中。

◆悠闲的野牛

◆成群的野鹿

◆湖中的野鸭

◆孤独的狼

除了野生动物，给我们印象深刻的自然是一个个沸腾的间歇热泉了。热锅泉（Pot Geyser）是我们看到的第一个间歇热泉组合，规模很大，大大小小十多个热泉呈现出不同的色彩，有的不断冒着热气，有的不断地翻滚，有的突然喷出几米高，很壮观！继续往前，我们来到饼干盆地（Biscuit Basin）。这是我们看到的第二个间歇热泉组合，虽然没有

◆多彩的间歇热泉

◆热气腾腾的间歇热泉

◆正在喷发的老忠实泉

喷出很高的水柱，但它们却翻滚着，就像一锅锅烧开的水，其中有一处规模较大的热泉，中间呈蓝色，往外逐渐变成黄色、红色，真是美极了！最后我们来到最著名的老忠实泉（Old Faithful Geyser），它的周围分布着不少热泉，人们早早地在老忠实泉旁边等候，似乎对周边的热泉兴趣不大。老忠实泉的外围两排石凳上已坐满了游人，看这阵势，也是很壮观的！老忠实泉每 90 分钟喷一次，一次持续几分钟，最高可喷 30 多米。今天我们的运气超好，只等候了 10 分钟，老忠实泉就按时喷发了。人们开始惊呼：好高啊！我也录了一个小视频，来记录这美妙的时刻。

同样令人难忘的是黄石湖（Yellowston Lake）。这是景区内最大的湖泊，它是由一个巨大的火山口积水而成。比起前面看到的几个小湖泊，这个湖泊确实不同凡响，不仅湖面大，而且时值 5 月，它竟还封冻着，展现在我们面前的不是蓝色，

◆封冻的黄石湖

而是一片晶莹剔透的白色湖面。望着这宽阔的白色湖面，映衬着远处的雪山和森林，就像一个童话世界，我们几乎分不清是人间还是仙境！

不知不觉中，天色暗下来，我们却依依不舍，不忍离去。但我们要赶往住处雷克斯堡（Rexburgh），明天再见吧，亲爱的黄石公园！

第二天，我们的“白龙马”又出了一点状况，修车花了一个多小时，花费 140 多美元，有点小贵噢！车修好了，我们再一次驱车来到黄石公园，今天的路线是上“8”字，但天气可不如昨天，有点阴沉，一路的景色也比昨天稍逊，同伴们的兴致也不如昨天，可能有点审美疲劳了吧！沿途观赏了黄石瀑布和黄石悬崖，这些景点都很一般。但令人震撼的在后面，那就是猛犸热泉区，这组热泉规模宏大，主要热泉全部用木栈道连接，游人只能按规定的道路前行。只见一个个泉眼分布在山坡上，它们不断流出黄色的水，这些水又顺着山坡流下，形成一个个梯田般的水洼和玛瑙般的圆形突起，让人联想到中国的黄龙景区，但两者性质完全不同。看着这些白中透黄的岩体，我终于明白了为什么这里被称为黄石公园了。而在热泉区的山脚下，是成群的野牛在那里或站或卧，它们好像对游人并没有敌意，只是好奇地望着大家，好一幅有趣的画面！

◆白中透黄的猛犸热泉

◆猛犸热泉区山脚下的野牛

我们的“白龙马”继续向前，但是前方的路被封闭了，我们无法完成上“8”字的环形畅游了，虽然有点遗憾，但这也是一种缺憾的美，太完美了就缺乏念想了。

回程的路上，出现了有趣的一幕，大约 8 头野牛一字排开挡在马路中间，两

◆马路上挡道的野牛

边的车都无法通过，它们完全无视人类的存在，在马路中间悠闲地走着，人与牛就这样僵持着，足足半小时后，这些野牛才终于退到马路边，为我们让出了通道，真是难得的景象！

晚上仍然回到雷克斯堡小镇入住，带着疲倦与快乐，我们很快进入了梦乡。

特别注意

- 景区面积较大，最好安排两天以上的旅游行程，比如先走下“8”字环形线，后走上“8”字环形线。
- 景区没有区内巴士，游客只能自驾或参团前往。
- 景区内住宿昂贵，建议住在附近小镇。
- 景区餐饮较少且贵，建议自带干粮与矿泉水。
- 景区内野生动物较多，游人不要打扰它们的生活，同时要远离它们。野牛是最常见的野生动物，一般情况下应远离它们30米以上，远离食肉动物90米以上。
- 为了保护动物，景区内要控制车速，最高时速是45英里/小时，即70公里/小时，同时注意给野生动物“让路”。
- 不要太靠近地热泉，以免发生意外。
- 景区呈现原生态，游人务必注意环保。

●世界名校——加州大学伯克利分校一瞥

5月8日，晴空万里，天上几乎没有云彩，从内华达州北部城市温尼马卡（Winnemucca）出发，一路西行，天气变得越来越热，越来越干燥，我们面前的山地都裸露着，几乎寸草不生，甚至出现了大范围的盐碱地，正在叹息中突然眼前豁然开朗，开始出现大片草场，接着是大片森林，而在这郁郁葱葱的植被之中，是一幢幢漂亮的房屋，我们好似进入了一个森林城市，原来这里就是三面环山、一面临水的西部名城旧金山。

今天，我们游览的目标是名闻遐迩的世界名校——加州大学伯克利分校，它可是全球著名、美国排名第三的名校啊！加州大学伯克利分校位于旧金山东湾区的伯克利市（Berkeley），建于1864年，是加州大学总校所在地。它不仅是9个分校中历史最悠久的一个，而且其教学质量、科研成就、师资、硬件设备和学生质量也是9个“兄弟”中最棒的一个。当然，其他分校，如加州大学圣塔芭芭拉分校、加州大学洛杉矶分校、加州大学圣地亚哥分校、加州大学欧文分校、加州大学戴维斯分校、加州大学圣克鲁兹分校等也是世界顶尖的高等学府。

相比旧金山另外一所名校斯坦福来说，伯克利分校的学术水平有过之而无不及。它是美国的一所公立研究型大学，这里人才济济，涌现出许多大师，70 位诺贝尔奖得主、9 位沃尔夫奖得主、7 位菲尔兹奖（数学）得主、15 位图灵奖得主、45 位麦克阿瑟奖得主、20 位奥斯卡金像奖得主及 11 位普利策奖得主等，让很多学校难以望其项背；除学术以外，伯克利分校是美国最自由、最激进的大学之一，该校学生于 1964 年发起的“言论自由运动”“反越战运动”等对美国社会产生了深远影响，同时伯克利分校的体育运动也傲视全球，其校友共获 159 枚奥林匹克运动会奖牌。

但是伯克利分校校园却是十分低调、宁静的。其建筑大多依山而建，校园没有想象中那么美丽。望着一幢幢平实而古朴的建筑和匆匆走过的莘莘学子，我感慨道：学校不在于大，不在于新，关键在于出大师啊！

◆加州大学伯克利分校

徜徉在这个宁静的校园中，给我留下深刻印象的是：

学校西门处设有加州大学伯克利分校的标识，是加州大学系列中唯一用加州大学（University of California，简称 UC）命名的学校，这里并未写上伯克利（Berkeley）分校字样，看来翻译有误。

◆参天大树

伯克利分校校园环境优美，植被覆盖茂密，随处可见松鼠、麻雀等野生动物，时常还会有野生的鹿、火鸡和浣熊出没，当然我们是没有眼福看到了。走在校园里，就像走在森林公园之中，校园中到处都是参天大树，许多树要 2~4 人才能合抱过来，这么高大的树木应该有些年头了，也显示了这所大学悠久的历史。

校园中心有一个塔楼，尖顶直冲云霄，人们

◆校园中心的塔楼

可登塔瞭望校园全景，还能观看到日落时金门大桥的壮观景象，它就是著名的萨瑟塔(Sather Tower)，是伯克利分校标志性建筑之一。它是仿照威尼斯圣玛可塔的式样设计的，塔高 307 英尺，塔内有 12 个大铜钟，大小不一，其顶端还建有一个有 48 个钟铃的报时钟。大钟每天敲响三次，报时钟 24 小时报时，钟声悠扬，在这个校园内久久回荡，别有一番情趣。

美国大学都有自己的校徽和吉祥物，伯克利分校也不例外，看，这就是它的校徽和吉祥物——金色的小熊（Golden Bears）。

◆校徽

◆吉祥物

◆安静的图书馆

图书馆外观不起眼，内部却自有黄金屋，一楼走廊里是一些艺术品和名人的展览；二楼座无虚席，自习室安静极了，学生们一人一台电脑在认真地学习。

学校有东西南北四个校门，其中南门为主校门，南门是一处蓝绿色的门楼，掩映在绿树丛中，它也是伯克利分校的标志性建筑之一。南门被称为萨瑟门（Sather Gate），能为一个人建一个门（萨瑟门）和一个塔（萨瑟塔）作纪念，他一定是位牛人！他就是彼德·萨瑟（Peder Sathe），一位美国杰出的银行家，他去世后，他的妻子简·K. 萨瑟（Jane K. Sather）捐钱修建了萨瑟门和萨瑟塔来纪念他。南门外广场是加州大学伯克利分校的地标性区域，曾经轰动世界的 20 世纪 60 年代“言论自由运动”（Free Speech Movement）就发源于这里，周围设有大型学生市场“金熊咖啡厅”（Golden Bear Cafe），不远处还有一个喷泉。平时，学生们在这里举行音乐会、竞选、推销等各种活动。

◆萨瑟门

◆最后的树精

◆获胜的遗产

从校园东门出口向外走，看到了一些雕塑，大胆新奇，其中，最后的树精（The Last Dryad）雕塑，描绘了一个裸体女性形象坐在弯曲的树干上，她的右腿支撑在树干上，膝盖弯曲，她的右肘顶住大腿，而她的左腿则挂在身侧，微曲膝盖，左脚接触地面；获胜的遗产（Legacy of Winning）雕塑，是为了纪念 1947—1957 年带领伯克利分校足球队获胜的一位足球主教练；另外一个雕像是一个裂开的圆球，有点看不懂，我想可能蕴含着地球奥秘的意思吧！这些雕像，让人感到加州大学伯克利分校应该是一个崇尚自由、爱好运动且十分前卫的地方。

◆裂开的圆球

游览完伯克利分校已是傍晚时分，我们将赶往住处——圣荷西（San José，是美国加州旧金山湾区的一个城市）。房东是一个华人，他把一栋房屋的所有房间都改成了客房，客房内摆满了床铺，有的房间只是用布帘或用屏风隔开，或用纸板隔开，彼此说话听得一清二楚，第一次入住如此简陋的民宿，价格还不菲，我也是醉了。

特别注意

★ 游览名校要做好知识准备，同时要规划好路线，有的放矢地进行游览；
★ 美国大学的中心位置一般是塔楼，是必游景点；
★ 图书馆最能体现大学的学术氛围，务必前往一游。

●走马观花旧金山

5月9日，我们的计划是旧金山一日游。

旧金山又被译为“三藩市”或“圣弗朗西斯科”。19世纪时这里是美国淘金热的中心地区，早期华人劳工移居美国后多居住于此，称之为“金山”，后来，澳大利亚的墨尔本被发现有金矿后，被称作“新金山”，为了与墨尔本区别，这里改称为“旧金山”。

旧金山是美国最具特色的城市之一，它拥有滨海山城的优美景色和独特的风情，是旅游胜地，同时也是世界最重要的高新技术研发基地和美国西部最重要的金融中心和学术中心。

旧金山值得一看的景点很多，由于2016年12月份我来过一次，再次造访，多了一份亲近感和熟悉。

首先，我们决定前往硅谷和斯坦福大学看一看，因为硅谷与斯坦福是不可分割的，硅谷就起源于斯坦福大学。20世纪50年代，斯坦福大学开始创办工业园区，将校园的土地租给当时的高科技公司使用，这不仅奠定了硅谷的基础，也改变了斯坦福大学的格局。

硅谷实际上由很多高科技公司组成，最著名的自然是谷歌（Google）、苹果（Apple）、脸书（Facebook）等公司。第一站我们将去离我们最近的谷歌公司，它的范围很大，通过导航找到它的标识，进入游客中心，却被告知必须由一位员工带领才能进入，我们只好抱憾而去。幸运的是我们碰到了两位台湾人，他们正是谷歌的员工，他们很热情地让我们去前面的安卓（Android）标志前玩了一下，这里的确很有趣，来此游玩的人还不少呢！各种卡通式造型也很多。

◆谷歌公司的标识

◆可爱的安卓标识

接下来，我们直奔斯坦福大学。虽然是再次造访，但已时隔5个月。在阳光的照耀下，斯坦福大学亮丽了许多，这里不仅是学术的中心，也是游客游览的场所，甚至还设有游客中心。学术开放，思想开放，校园开放，斯坦福大学完全是一个开放式的大学！来到游客中心，要了一份校园地图，学校建筑格局一目了然。我们游览了中心广场、艺术长廊、教堂、胡佛塔等，特地造访了教育学院，因为同行的几位全部是研究高等教育的学者。

◆阳光下的斯坦福大学

美国大学的公立和私立主要是依据管理权限划分的，政府无权干涉私立大学的运行，但无论公立还是私立都可得到政府的资助。加州是美国西部大学的摇篮，这里名校林立，加州大学的9所分校都很有名，最有名的自然是加州大学伯克利分校，而加州州立大学（California State University，CSU）也有9所分校，其中加州理工大学甚至与麻省理工学院齐名。

◆斯坦福大学的标志——胡佛塔

加州大学和加州州立大学都属于公立大学系统，不同之处在于，加州大学属于研究型大学，加州州立大学属于教学型大学，而斯坦福大学是加州最具影响力的一所私立研究型大学。

今天游览的内容很丰富，除了硅谷、斯坦福大学，我们还游览了九曲花街、渔人码头、艺术宫、金门大桥，虽然景色依旧，但同行的人不同，旅行的方式不同，心情自然也不同。旧金山除了美景、学术外，的确是一个繁忙的大都市，人多车多，街道窄，坡度陡，坐在车上都有点心惊胆战，街边停满了车辆，在这里车位难求。而且在这里停车必须把前面的车胎向一边倾斜，这也是考虑了当地的地形而规定的。

总之，丰富多彩的旧金山一日游结束了，回到圣荷西的住处已是晚上 8 点多了。总的感觉是：旧金山是一个开放、多元、创新、尊重不同文化、充满活力的地方，它不仅是一个阳光之地，更是世界学术的高地，难怪它能吸引世界各地的精英来到这里创业寻梦。

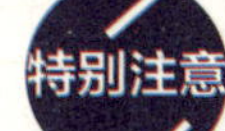

★ 游客游览斯坦福大学，可先前往游客中心，咨询工作人员，索要地图。
★ 游客想要进入硅谷内大公司游览，最好由公司员工带入或提前预约。
★ 旧金山车多人多，道路狭窄，坡度较大，开车要特别谨慎。
★ 旧金山车位难寻，停车费高，游客最好乘坐当地公交车游览。当然，叮当车也是一个不错的选择，既游览了城市，又可体验一下世界上最早的有轨电车。

●葡萄酒之旅——纳帕谷

不知不觉中，我们的行程已过半。出游半个月了，大家都感到有些疲倦，同行的夏教授因为身体不适决定退出，今天他就要飞回芝加哥了。多日的相处，感觉夏教授是一个为人随和、谦逊的学者，而且会精打细算，是一个很会过日子的人，他的退出，让我们有点小小的伤感，但没办法，我们余下三人只能继续前行。

本来准备修整一天，但后来毛博士同意了我的建议，决定拜访旧金山北部著名的葡萄酒产地——纳帕谷（Napa Valley），来一次葡萄酒之旅，自然，葡萄酒之旅也丰富了我们旅行的内容。于是，我们一行人在薄雾中开始向纳帕谷进发。由于水热条件适宜，纳帕谷非常适合葡萄的生长，加上欧洲移民带来了传统的酿酒技术，使这里成为著名的新世界葡萄酒[①]产地，说它是新世界葡萄酒，自然是相对于欧洲那些老世界葡萄酒而言的。一路上是大片绿油油的葡萄园，只见低矮的葡萄树长势良好，似乎在欢迎远方的客人。一个个风格各异的葡萄酒庄从我们眼前掠过，好一派独特的田园风光！看，这就是葡萄酒谷的标志，游人都会在此留影，我们自然也不例外。

◆著名的纳帕谷葡萄酒产地

说到葡萄酒，人们自然会想到欧洲，想到法国的波尔多，那里的葡萄酒酿造历史悠久，随便一个酒庄就有好几百年的历史。纳帕谷的葡萄酒却不同，它们是欧洲移民在这里发展起来的，其酿造工艺与旧世界葡萄酒有所不同，实行的是大规模机械化生产，因而这里的产量更高，口感也很不同。对于红酒，我只是略懂皮毛，而同伴对此

◆Menage a ttois 的酒庄

◆Menage a ttois 的葡萄园

① 欧洲传统的葡萄酒生产国，如西班牙、意大利和法国等属于旧世界，而欧洲之外的其他新兴葡萄酒生产国家，如美国、澳大利亚和南非等则属于新世界。因此，加利福尼亚州纳帕谷产的葡萄酒为新世界葡萄酒。

更是一无所知。为了不留遗憾，我们决定买几瓶酒作为纪念，那么选择哪一家酒庄呢？最后我们找到一家名为 Menage a ttois 的酒庄，它掩映在一片绿树丛中，布局精致典雅，但是这里葡萄酒价格不菲，品酒也不是免费的，其中混合（Blend）酒品三种，每人 15 美元，经典（Classic）酒品四种，每人 40 美元。在这里买酒应该没错，于是我和同伴孔老师各买了两瓶酒作为回国后送人的礼物，这也算是我们纳帕谷之行的收获吧！

特别注意

★ 前往纳帕谷可参加纳帕谷一日游或自驾前往；
★ 到达纳帕谷一定要选择一家酒庄品酒、买酒，否则会后悔；
★ 前往纳帕谷最好自带午餐，因为当地餐馆较少，也不合中国人口味。

●重走美国 1 号公路

送走了夏教授，我们的队员只剩下 3 人，但旅行还得继续。5 月 11 日，我们的方向由从东向西改为一路向南，体验在美国 1 号公路（Route 1）上驾驶的乐趣。

一大早我们从圣荷西出发，开始了蒙特利—17 英里—卡梅尔小镇的旅程，这一天天气阴沉，美丽的海景在这样的天气下虽然显得有些逊色，却有另一种朦胧的美。

由于没看清路标，我们错过了 17 英里，但没关系，那就首先参观卡梅尔小镇吧！再次来到这里，这里多了一份恬静，游人不多，到处春意盎然，街道依然干净、整洁，漫步于街道之中，望着两边的铺面，发现每一栋房子都十分精致，但风格都不同，每家的花园更是独具匠心。要是能在这里住上一晚，该是多么惬意啊！随便走进一家旅馆询问了一下，店员非常热情，但这里价格不菲，一个标准间就需要 278 美元一晚。

◆宁静的卡梅尔小镇

游完卡梅尔小镇，回头再去 17 英里。17 英里可是美国 1 号公路上的精华，我们怎可错过！ 17 英里属于私人领地，需要收费 10.25 美元，工作人员给了我们一份地图，仔细看图，发现这里有大大小小 21 个景点，想起去年那位导游虽然让我们游览了其中的大多数，但是仍然错过了几个有趣的景点。看来自驾游与定制游的内容不同，感受也不同。

这里竟有两个高尔夫球场，其中一个还是北美高尔夫球协会所在地。只见这里绿草如茵，环境优美，不少高尔夫球爱好者在这里挥杆切磋。

◆17 英里上的高尔夫球场

来到鸟岛（Bird Bay），看到两只小松鼠超级可爱，其中一只竟在那里摆造型，开始我还以为它被吓呆了呢！同一个姿势至少持续了 2 分钟，太有趣了！后来一想，这只松鼠可是见过大场面的，它这样摆造型是不是等着游人给它喂食呢？可惜我们没有带吃的，再加上景区须知也告知不要喂食小动物，只好对它表示抱歉了。

◆超级萌的小松鼠

上次没有过多留意中国岩，这次做了一些了解。据说 19 世纪，一群背井离乡的中国人最早来到这里，在这块大礁石旁搭起了简易房子，后来这里就被称为中国岩了。虽说它只是一个由石头堆砌的石堆，但也是历史的见证啊！

◆中国岩

魔鬼树（Ghost Tree）的名字听起来吓人，但的确比较形象，一些灰白色枯死的松树树干张牙舞爪地伸展着，它们已成为 17 英里一道奇特的景致。

◆张牙舞爪的魔鬼树

今天也着实不太走运，天气不好，冷飕飕的，海面也是灰蒙蒙的，告别了 17 英里，越过卡梅尔小镇后，路上警示牌子告诉我们前方桥梁断了，前方一段路已被封闭，我们只好改走 101 高速公路，这样自然错过了众多海景，我感到很遗憾，同伴们更遗憾，他们可是第一次来啊！更为搞笑的是，这时太阳露出了笑脸，好像在逗我们玩，但我们不得不暂时向 1 号公路说再见了。

晚上入住阿塔斯卡德罗（Atacadero）小镇上一个破旧的房车，我不禁想：我虽无钱购买房车，但享受一下房车也不失为一种独特的体验啊！但一进入这个破旧的房车，我就有点失望，虽然里面样样俱全，但太狭窄了，一切都是正常房间的缩小版，一不小心就会碰到这碰到那，卫生间、炉子还是坏的，床上用品质量低劣，好像没洗过似的，晚上越睡越冷，体验过这种破旧的房车，我购买房车的欲望也没了。透过房车的窗户能看到房东饲养的四头羊、四只鸡、二只鸭，真有点田园的感觉，房东还特意带我们参观，热心地为我们介绍，这似乎成了她的卖点。

第二天，阴转多云，我们从阿塔斯卡德罗小镇出发，一路山势起伏，看到大片的葡萄园，也看到大片的草地，上面点缀着零星的松树，不过在草地上吃草的是成群的黑牛，这又不同于以前看到的花牛，好一派田园风光！很快我们就来到 1 号公路上另一个著名的小镇——丹麦小镇，这个小镇很有特色，房屋都不超过两层，喜欢用线条装饰墙壁，很典型的欧式建筑。漫步在小镇上看到了不少风车，这不禁让人联想到荷兰，真不知为何这里被称为丹麦小镇！

◆丹麦小镇

离开丹麦小镇，我们驱车来到加州大学圣塔芭芭拉分校，正值中午，太阳露出了它久违的笑脸，在阳光的照耀下，学校很漂亮。这所学校依山傍水，位置独特，学校不大，分为东中西三部分，建筑十分低调，中心为一座塔楼，到处鲜花盛开，一些树木也被修整得整齐漂亮。在这里能碰到不少华人，感受到中国文化的影响力。当我们走进教学楼时，就碰上一个金发碧眼的外国学生，他正在交汉语作业，还能用简单的汉语与我们交流；来到塔楼又碰到一个华裔女学生，高中时她随家人一起移民到加州橙县，她正在做一个环保公益项目，反对在海上钻井开采油田，我们也签名支持她的行动，接着我们与她交流起来，了解了加州大学圣塔芭芭拉分校的一些基本情况。

◆美丽的圣塔芭芭拉大学

原来，加州大学圣塔芭芭拉分校位于戈勒塔市东面的圣塔芭芭拉市，建于 1891 年，是加州大学分校，也是美国一所顶尖的且学术声望非常高的研究型公立大学。它不仅以滨海校园美丽、全年阳光普照而闻名，而且是加州的又一个学术中心，特别是在一些高新科技方面有着不可取代的地位，其电子工程、现代物理和地理信息系统等学科都在美国名列前茅。

◆空旷的莫尼卡海滩

短暂的停留，匆匆一瞥，加州大学圣塔芭芭拉分校给我们留下了难以忘怀的印象，我们也算是不虚此行吧！

离开圣塔芭芭拉大学，我们驱车来到莫尼卡海滩，这里是 66 号公路的终点。这片沙滩规模很大，很平坦，沙子有些粗，但很柔软，现在不是旅游旺季，游人不多，只有几个年轻人在水上嬉戏。

◆欢迎旅馆（1）

晚上入住附近的一家爱彼迎民宿，但这次却出了意外，房东竟接受重复预订，结果我们无房可住。经与爱彼迎交涉，他们退款并给予我们一些赔偿，我们只好入住附近一家小旅馆，这家旅馆名字很贴心——欢迎旅馆（Welcome Inn），看来每次出状况的时候我们都只能选择旅馆，这是天意吗？

◆欢迎旅馆（2）

特别注意

★ 美国1号公路从北至南连接着旧金山与洛杉矶，沿着美国西海岸蜿蜒前进，全长超过1000公里，美国《国家地理》杂志称它为一生必去的50个地方之一，沿途风景美不胜收，游客一定要提前做好攻略，否则将错过精华景点；

★ 游览美国1号公路至少需要两天，一日游你只有赶路的份；

★ 游览美国1号公路一定要选择风和日丽的天气，否则美丽的海景将大打折扣；

★ 保护海洋环境人人有责，要从自己做起，从身边做起；

★ 尽管小动物十分可爱，出于保护动物的目的，请不要给它们喂食。

●再会，洛杉矶！

又一次来到洛杉矶，如同旧金山一样，多了一份熟悉，多了一份亲切！洛杉矶不仅是世界电影之都、阳光之都，也是各界名流集中的地方，同时还有著名的加州大学洛杉矶分校（University of California，Los Angeles，简称为UCLA）。加州大学洛杉矶分校是全美培养尖端人才的大学之一，是美国商业金融、高科技产业、电影艺术等专业人才的摇篮。

☆ **加州大学洛杉矶分校**

5月13日，我们的第一站是加州大学洛杉矶分校，洛杉矶分校在加州大学系列中仅次于伯克利分校。我们正赶上转学学生开学日，学校热闹非凡，如同中国大学一样，校园内搭起了一个个帐篷，学生志愿者们热情地发放资料，宣传他们的学校和专业。不仅新生来了，很多家长也来了，当然，我们也来凑热闹。学生和家长都来到学校礼堂，原来这里有一个开学典礼，校长要亲自致欢迎辞，但是他们的典礼十分简短，我们在校园转了一圈，他们的典礼已经结束，可惜没能去感受一下。

◆加州大学洛杉矶分校的开学日

在校园里漫步，首先看到的是一个布伦熊（Bluin，熊的一种）雕塑，这是加州大学洛杉矶分校的吉祥物！本想去留个影，可是人太多，我们不好意思去抢，只好放弃了。

◆加州大学洛杉矶分校的吉祥物——布伦熊

◆古色古香的迪克逊广场

校园里最有特色的莫过于迪克逊广场（Dicson Plaza）了，它的一侧为行政大楼，另一侧为图书馆。图书馆不仅外观别致，里面的装饰和布局更是独特，它的装饰称得上华丽，到处是沙发、椅子，在这里阅读和学习应该是一种享受，让我们也来感受一下在这里读书的乐趣吧！

◆图书馆外观与内部布局

☆ 格里菲斯天文台

接下来，我们前往格里菲斯天文台（Griffith Observatory）。它位于洛杉矶市中心西北方向的格里菲斯公园山顶上，是洛杉矶的标志性建筑物和文化象征，同时也是洛杉矶最具盛名的景点之一。这里不仅是观天象的好地方，也是俯瞰全城的最佳之地，

◆洛杉矶天文台

◆俯瞰洛杉矶城

在这里可以见证美国这个仅次于纽约的大城市的繁华。抬头望去，只见 9 个白色的高 13.7 米的英文字母 Hollywood（好莱坞）就在对面的山坡上。来到这里也算了确了一桩心愿，上次参观时竟没有看到这几个大字，它可是好莱坞大名鼎鼎的标识啊！

◆好莱坞

☆ **洛杉矶印象**

洛杉矶给人最大的感觉就是大而堵，这也许是大城市的通病吧！这里任何时候都会堵，在这里开车要有超好的耐心和技术，虽然马路很宽，但是弯道多，车道窄，车速快，这里的油价也是此行中最贵的，其中 89 号油每加仑要 3.59 美元！

加州的水也很贵，记得在圣荷西买水时，标价一提 2.99 美元，结果竟收 1.20 美元的税，近 40%的高税收，当时我们都很震惊。对水收取这么高的税在美国是很特别的，看来这里缺水，水很珍贵，我们要珍惜。

中午，我们到市区一家比萨店买了一个奶酪比萨（Cheese Pizza），三人分享，这是我来美国后吃到的最好吃的一个比萨了，味道真的很鲜美！

吃过简单的午餐，我们就要与洛杉矶说再见了！由此，我们将开启由西向东、由繁华向荒凉的旅程了。

☆ **我们的住宿地——金曼**

我们的下一个目标是亚利桑那州的金曼（Kingman），路上要花费近 5 个小时。一路上几乎都是荒漠，由于缺水，地面上只有一些低矮的荒漠植物，而一些山地几乎都裸露着，当然这里也是荒无人烟。再看看我们自己，一个个非常缺水，不仅口干舌燥，而且手也变得又黑又干，真有点惨不忍睹。

◆前往金曼的路上

一路荒凉，突然前面出现一片绿洲，在绿洲之上出现了一座城市，一条蓝色的河流环绕着城市，在谷歌（Google）地图上查看，原来它是内华达州的布尔海德市（Bull-head），那条河流正是著名的内陆河——科罗拉多河（Colorado River），有水就有绿洲，就有生命，有活力，这可是一座荒漠之城啊！

经过5个多小时的长途跋涉，我们终于抵达金曼，入住荒野之中的一栋乡间别墅，进入别墅的路是一条荒芜土路，但还是有路牌，道路凹凸不平，有很多石头，司机小毛对他的爱车心疼了半天。房东不在，迎接我们的是一只欢快的大白狗。经联系，房东一会儿就回来了，原来是一位和蔼可亲的老太太，她一个人住在这里，经营着爱彼迎民宿，还养了狗和马。她也超级有爱心，让我们把废弃的菜叶留给野生动物吃。晚上，我们因陋就简，做了土豆丝、包菜和葱煎鸡蛋，老太太与我们一起共进晚餐，还对我们的菜肴赞不绝口。吃过晚餐，老太太拿出地图问我们分别来自哪里，中国有哪些好玩的地方。老太太对一切都有好奇心，真是活到老学到老，令人敬佩！她还拿出动物图告诉我们周围都有什么动物，特别提醒我们这里分布着很多响尾蛇。看着它那狰狞的面目，我们感到一阵害怕！

◆旷野中的乡间别墅

走进房间一看，布置得井井有条，干净整洁，各种设施一应俱全，我一个人住一个主卧，床超级大，卫生间也很豪华，有两个面盆，一个超级大的浴池，还有一个淋浴屋，这是我旅行以来住的最好的房间了。

这里的环境也是原汁原味的，放眼望去，远处是连绵的群山，周边是广阔的荒原，各种野生动物在这里与人类自然和谐地生活在一起，这可是此行中非常难得的一次经历。

◆乡间别墅外的美景

特别注意

★ 洛杉矶是仅次于纽约的美国第二大城市，人多车多，探头也多，行车时要特别注意交通规则。

★ 洛杉矶景点众多，像比弗利山庄、迪士尼乐园、好莱坞环球影城、格里菲斯天文台、好莱坞星光大道、杜莎夫人蜡像馆、杜比剧院、加州大学洛杉矶分校、圣塔莫尼卡、中国城等都是必游景点。如果想对洛杉矶有一个全方位的了解，至少应安排三日以上的行程。

★ 洛杉矶交通方便，你可选择自驾、租车或者乘坐地铁、公交。

★ 洛杉矶是一个沙漠上建起的城市，水资源十分宝贵，一定要注意节约用水。

●壮哉！大峡谷国家公园

说到大峡谷，朋友们自然会想到很多西部片中的场景，它们是多么壮观恢宏啊！大峡谷分为北峡、南峡和西峡。由于上次我去过西峡，今天我们选择游览南峡（Grand Canyon South Rim）。

5月14日，孔老师一大早就起床蒸馒头，由于前面住宿条件所限，孔老师几天没吃馒头了，这可把孔老师憋坏了。一路上我们享受了孔老师给我们做的馒头，既美味又便宜，而且我也学会了蒸馒头，这可是我此行的重大收获啊！

吃过早餐，已经8:45了，我们开始向南峡进发，赶到离景区最近的图赛扬（Tusayan）已是中午时分，又找了一家麦当劳，在那里享用了我们的干粮：红薯、馒头、鸡蛋、矿泉水，然后直奔景区的游客中心。

南峡景区很成熟，里面有很多的停车场、住宿小屋（Lodge）和露营地（Campground），如果你有时间又有钱的话，当然应该住在景区内，只有住在景区内，你才能感受到朝霞和晚霞中大峡谷的壮美，才能真正领略大峡谷的魅力！景区的通达性非常好，交通很方便，你可以自驾或乘坐大巴而来，也可以乘坐飞机前来，因为这里有机场。令人惊奇的是这里还有火车。景区内主要景点都由穿梭巴士（Shuttle Bus）串联进来，形成3条游览线路，最多只需等候15分钟就可以乘坐穿梭巴士到达任何一个景点。当然，如果你是一个徒步爱好者，有足够的时间，也可以选择徒步，那样你就能下到谷底，就会有更深入的体验。站在谷底，你会惊叹大峡谷是如此高深莫测，而自己是如此渺小！

◆景区游客中心

◆景区的巴士站

比起西峡（Grand Canyon West Rim），南峡规模更大、更壮观、更令人震撼！那些红色的砂岩因不同的天气和阳光的强弱变幻着它迷人的色彩，特别是在旭日东升和夕阳西下时，这里的岩层最为漂亮，它们呈现出红色或橘色，把整个峡谷都染红了，灿若丹霞，红得让人陶醉！这里的自然景观被称为世界七大自然奇观之一，真是名不虚传啊！

◆色彩艳丽的岩壁

这里不仅岩层色彩艳丽，如此深邃的峡谷也是世间罕见，而科罗拉多河如蓝宝石一般镶嵌在其中。如此壮丽的峡谷是千百万年来地壳的抬升和河流下切的作用形成的，这里的峡谷平均深度达 1600 米，游人站在栏杆边俯瞰峡谷，都会有胆战心惊的感觉，恐高的人是不敢靠近的。

◆深邃的大峡谷

◆蓝宝石般的科罗拉多河

在深邃的峡谷之上，支谷的末端形成的一个个小型冲积扇也蔚为壮观，这可是典型的冲积地貌啊！

◆远处的支谷冲积扇

晚上，我们入住天堂市（Paradise，NV）的一家民宿，这是一个刚搬来的住户，一大家子人都窝在一个房间里不出来，其余两间房用来做民宿，价格也不贵，一晚只需 49 美元，但是与房东这样的相处方式让我们有点尴尬。果不其然，第二天早上，由于我们需要赶路，起床比较早，虽然我们尽量压低声音，但因为遗忘了一些东西，不得不去敲房东的门，结果他们很不高兴，竟认为我们不够礼貌，打扰了他们的生活，看来这样的民宿以后还是不住为好。

特别注意

- ★ 大峡谷分为北峡、南峡和西峡，它们各有千秋，可选择一处游览，大多中国游客选择西峡，实际上南峡更为壮观恢宏；
- ★ 最好住在景区内，你才能体验到早晚大峡谷的壮丽与绝美；
- ★ 时间充裕的话，最好徒步，这样才能真正亲密接触大峡谷，体验它的深邃与险峻；
- ★ 住宿要选择有经验的、评分高的房东，不要一味图便宜，“便宜没好货”是亘古不变的真理。

●名副其实的死亡谷国家公园

5月15日，天气晴好。简单地用过早餐，我们先去车行为我们的“白龙马”换了机油，这么一折腾，时间已是9点多了，好在目的地不太远，约需2个小时的车程，但是鉴于死亡谷国家公园的名声，我们的司机小毛一直很担心：死亡谷真那么恐怖吗？路上有加油站吗？网上说2016年死亡谷国家公园开放到5月15日，而这天正好是15日，死亡谷会开放吗？

死亡谷国家公园位于加州东南部，它修建于1994年，是美国最大、最干旱的国家公园。这里夏天的气温相当高，经常在华氏100度（37.7℃）以上，最高气温曾达到华氏134度（56.7℃）。大约在300万年前，造山运动使这里形成谷地，冰川时代，这里积水成湖，后经几百万年火焰般的蒸晒，大盐湖终于干涸，展露在大自然面前的是一层层覆盖着泥浆与岩盐层堆积的死谷。1848年，美国加州发现黄金后，淘金者们蜂拥而至。1849年冬，一个前往旧金山的淘金队伍抄捷径横越死亡谷，因不敌此地恶劣的天候，很多人葬身于这无垠的黄沙之中，而成功穿越山谷的少数人在离开此地时伤心地说了句：再见，死亡谷（Goodbye Death Valley）！死亡谷的恶名由此被宣扬开来。

◆死亡谷的标示牌

死亡谷国家公园是我们此行游览的第 5 个国家公园，一般的旅行团很少到达这里，只有慕名而来和深度游玩的旅游者才会来到这里，今天我们沿着一位驴友推荐的线路前行，心中也算有底了。

到达死亡谷，一切担心都是多余，景区照常开放，看来网上的一些消息也不准确。

第一站就是但丁瞭望台（Dante's View），我们的“白龙马”直接开到了山顶。只见这里视野开阔，四周是色彩各异的山峦，它们在阳光的照耀下散发出迷人的光芒。而在这高山之巅，竟然还生长着各种荒漠中才有的植物，这几种植物，你见过吗？太神奇了！往下看就是白花花的盐碱地，那就是著名的恶水盆地（Badwater Basin）。如此美丽的景色，让我们一行流连于此，不舍得离去。

◆高山上荒漠植物

◆远处的山峦与盆地

第二站是扎布莱斯克观景点（Zabriskie Point），来到这里映入眼帘的首先是寸草不生、沟壑纵横、色彩各异的神奇地表。仔细一看，它们是溪流冲出的一个个小型冲积扇，如此奇特的地形和变幻的色彩是我平生第一次见到。有趣的是，在这里我们碰到了4位来自中国的老者——两对退休的夫妇，他们竟也是自驾从美东玩到美西，完全的自助游，真是令人佩服！现如今，中国人在美国自驾或自助游已逐渐成为常态，它们不再仅仅是年轻人的专利，越来越多的中老年人也加入了这个行列，只要你有钱有闲，不怕吃苦，懂得一点外语来应付突发事情就OK了！

◆奇特的地形

第三站是弗莱斯小溪游客中心（Furnace Creek Visitor Center）。既然是游客中心，它自然是游客的必经之地，游客在这里咨询、补给、购物，还有展览可看。中餐我们仍然吃馒头、鸡蛋、咸菜加矿泉水，当然也为我们的“白龙马”加了油（谁说路上不能加油？看来驴友们的经验也不完全正确），研究了一下行程，就向下一个景点进发。

◆游客中心周围的景色

第四站就是著名的恶水盆地，这可是我们今天的重头戏，因为它恶名远扬。这里的海拔可是全美最低的，仅-85.5米。我们直奔过去，发现几乎停满了车，看来这里的确是最热门的景点。抬头望去，高高的山崖上写着海平面（Sea Level）的字样，我们真的站在海平面以下85.5米的位置了！而在那个标志性的牌子前，游客们争先恐后地留影。放眼望去，一望无际的盐碱地上只有一个小小的水洼，几百万年来，巨大的盐湖逐渐干涸了，但是，白花花的盐碱地还是湿漉漉的，我随手取了一点盐放在嘴里，真的很咸！这里寸草不生，连动物也没有看到，是名副其实的死亡之地啊！越往中心走越干燥，紫外线也愈加强烈，这里是全美最干旱的地方，全年降水量只有64毫米，早晚温差非常大。走在盐碱上，紫外线很强烈，气温非常高，但是因为风力也很大，我们并不感觉太热，只觉得我们身上的水分正在逐渐被蒸发，浑身都不舒服，看来此地不宜久留，快走！

◆峭壁上海平面标志

◆恶水盆地-85.5 米的标志

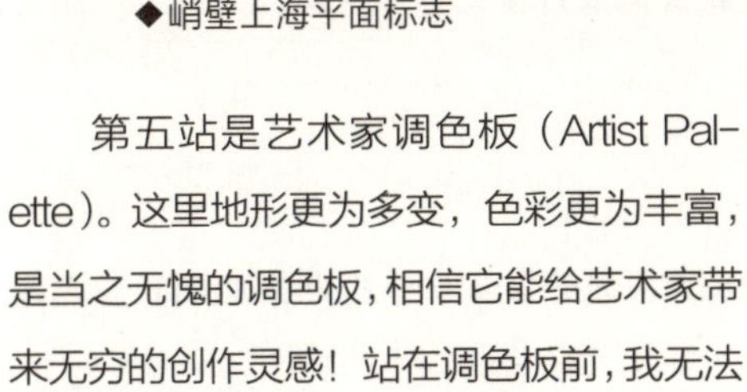

第五站是艺术家调色板（Artist Palette）。这里地形更为多变，色彩更为丰富，是当之无愧的调色板，相信它能给艺术家带来无穷的创作灵感！站在调色板前，我无法用言语表达它的美丽，唯有惊叹不已。

◆白哗哗的盐碱地

第六站是金峡谷（Golden Canyon）。在这片神奇之地上还有一处神秘的峡谷，峡谷弯弯曲曲，竟延伸了 1.5 英里。走进峡谷，跟我们以前看到的完全不同，它没有水，几乎没有植物，但是它深邃、色彩艳丽，在阳光的照耀下，散发出金灿灿的光芒，是名副其实的金峡谷！可惜，我们时间不够，只纵深 300 米就打道回府了。

◆艺术家调色板

神奇的死亡谷，有生之年我还会与你邂逅吗？

下午 4：00，我们开始返回，今天我们路过一家沃尔玛（Wal-Mart）超市，采购了不少食材，我们已几天没好好吃一顿了，要好好犒劳一下自己。美国的沃尔玛与中国的不同，它们主要布局在远离市中心（Downtown）的地方，一方面避免造

◆金灿灿的峡谷

成堵车，另一方面，也是最重要的，是因为美国家家都有小汽车，而中国的超市大多布局在商业中心或者居民区。

★ 死亡谷景区内景点分散，且没有区间车，只能自驾或者跟随旅行团前往；
★ 死亡谷号称美国早晚温差最大、最炎热、最干旱的地区，紫外线强烈，一定要做好防晒准备；
★ 死亡谷服务网点很少，注意准备充足的干粮和矿泉水；
★ 死亡谷只有一个加油站，且油价较贵，最好事先备足汽油。

●**动感拉斯维加斯**

5月16日，我又一次来到这酒店林立、纸醉金迷的世界——拉斯维加斯，虽说是第二次来此，但这次又有了新意。

首先，阳光更为明媚，经过前段旅程的冷热巨变，行走在拉斯维加斯的长街（The Strip）上才让我们感受到夏天。在蓝天白云的衬托下，在炽热的阳光下，拉斯维加斯的街道和酒店更加漂亮，色彩更为亮丽了。

◆初夏的拉斯维加斯

◆阳光下的永利酒店

◆拉斯维加斯的摩天轮

2016年来到此地之时，正值冬天，一些地方正在修葺，而现在它们都以全新的面貌出现在我们面前，整个街道游人如织，汽车的声音、小贩的叫卖声和游人的喧闹声交织在一起，使这个城市动感十足。我们还看到了很有趣的一幕：一个流浪汉正躺在人行道上，突然从远处走来两个身着亮黄色服装的警察（第一次看到警察穿着亮黄色服装），于是流浪汉像兔子一样往前跑，而警察穷追不舍，这在中国可是城管人员干的事儿，现在人高马大的拉斯维加斯警察却正在和流浪汉进行猫捉老鼠的游戏。

拉斯维加斯大道两旁的酒店鳞次栉比，几乎每一个酒店里都挤满了各种肤色的人，有的在那里漫步休闲，有的在那里观看演出，有的在那里大快朵颐，有的正在玩赌博游戏，好一个动感而欢乐的城市！

为了弥补上次的缺憾，这次我们专门来到著名的威尼斯人大酒店参观，这里果然非同凡响！这哪里是酒店，它分明是一个多功能的摩尔城（Mall）。乘坐三层手扶电梯进入，里面真是别有洞天。首先看到的是一个艺术画廊，这里正在举行一个摄影展览，美国各地的美景在摄影师的手里呈现出了美轮美奂的效果，相比之下，我们拍出的照片简直惨不忍睹，可惜保安人员不让拍照。再往前走，好像进入了威尼斯城，这里竟再现了威尼斯的特色与繁华，达到了以假乱真的效果。只见地面营造的河水波光粼粼，屋顶上是蓝天白云，河上船夫载着游人，唱着深情的歌谣，好一个威尼斯城的缩影！来到中厅，这里更像是一个广场，人们在这里纵情欢乐，特别是一些艺人在这里进行着有趣的歌舞和杂耍表演，逗得人们开怀大笑。当然这里也有餐厅、购物中心……一个酒店就能让人们在这里长时间地消磨时光，尽情地享受人生，这个酒店真的做到了极致！

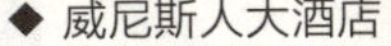
◆ 威尼斯人大酒店

◆威尼斯人大酒店内歌舞和杂耍表演

拉斯维加斯每一个酒店都是一个景点，他们各具特色，让人流连忘返。但是两位男性同伴却是缺乏情趣之人，长街（The Strip）只走了一半，他们就产生了审美疲劳，认为大同小异，无心再赏。幸亏我来过一次，一些经典酒店的景观我已游览过，否则真是白来一

◆威尼斯人大酒店内威尼斯风情

趟！但还是心生感慨，旅行的意义是什么？旅行就是换一种生活方式，就是见识大千世界，享受人生啊！一个志同道合的旅伴真的非常重要！

在炽热的阳光下，大家连自带的中餐都没享用，更别说在酒店享受美味佳肴了，我们一行就匆忙开始向我们的住宿地圣・乔治（St. Geoge）进发。

- ★ 来拉斯维加斯是每一个旅游者的梦想，这里是一个让你流连忘返的地方；
- ★ 无论你什么时候来拉斯维加斯，都是最好的季节；
- ★ 拉斯维加斯的酒店是一个必游项目，可以考虑酒店一日游或者选择一至两个酒店慢慢品味。

●神圣的宰恩国家公园

在没来宰恩国家公园（Zion NP）之前，一直觉得这里很神秘，据说这里是上帝耶和华居住的地方，这里有摩门教尊崇的圣山。

怀着好奇，5 月 17 日，我们冒着蒙蒙细雨开始向我们的目的地进发。一路上雨越下越大，气温越来越低，更是让宰恩国家公园笼罩在一种神秘气氛之中。说到天气，真是一夜回到寒冬，昨天我们还在拉斯维加斯的大道上暴晒加暴走，今天就开始下雨，气温陡降，我们又穿上了厚厚的冬装。

与前面看到的景区不同，这里不再是荒原，而是一片山清水秀的人间福地！宰恩国家公园是一个成熟的景区，到游客中心拿了地图，坐上景区的穿梭巴士就开始了雨中赏

◆宰恩国家公园游客中心

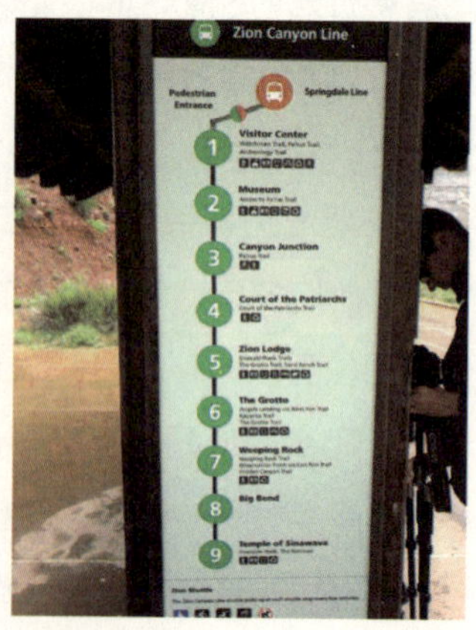

◆宰恩国家公园内 9 个景点

景。虽然下着雨，游人却不少，想必雨中赏景别有一番情趣吧！整个景区就是沿着宰恩峡谷展开，9 个景点由一条旅游线路串联起来，巴士大约每 5 分钟一趟，非常便捷。

☆ 泪痕岩

我们沿着台阶拾级而上，来到泪痕岩（Weeping Rock），实际上，它是一个巨大的突出来的岩体，长年累月的涓涓细流在岩壁上留下了一道道痕迹，如同人的泪痕，非常形象逼真。放眼望去，四周都是高大的红色岩体，它们如刀削一般耸立在峡谷两边，十分壮观，我们忘情地欣赏、拍照。然而，我和孔老师很快就开始沮丧了，因为我们的司机小毛竟“失踪”了，一个大活人怎么不见了呢？他的“失踪”让我们心急如焚，我们到处找他，孔老师游览的兴致都没有了，后来我们只好往好处想，期待着奇迹的出现。

◆哭泣的泪痕岩

☆ 大弯

大弯（Big Bend）山势奇特，宰恩河（Zion River）在这里拐了一个弯。我与孔老师踩着一段土路来到河边，四周是高大陡峭的山体，山坡上长着郁郁葱葱的树木，谷底是潺潺的流水，只见它清澈见底，缓缓向前流淌。在这里，只有我和孔老师，多么宁静的画面啊！让我们仔细听听来自自然的声音，让我们吸进更多的负氧离子吧！

◆宰恩河的大弯

☆ 石庙

在想象中，石庙（Temper）一定是一个巨大的白色岩体，形似庙宇，但可惜被关闭了，无法见其真容。我们只能来到宰恩河河边，这里河水湍急，四周仍是高大的悬崖峭壁，闭上眼睛，在蒙蒙细雨中，我们再一次用心去感受大自然的恩赐。在这里，我们碰到了 4 位来自加州大学洛杉矶分校的大学生，他们告诉我们明天将是一个晴天，他们将继续在这里登山。他们充满了青春的活力，好让人钦慕，年轻真好！巧合的是，在这里我们突然看到小毛博士大摇大摆地迎面走来，原来，小毛博士已经看完前面的景点返回了。我们心中悬着的一块石头也终于落了地！他告诉我们前方景点并无特色，我们只好前往下一个景点。

☆ 洞穴

这里山势更为奇特，在悬崖峭壁之上能看到不少洞穴。此时雨停了，山间却是云雾缭绕，我们宛若置身于人间仙境之中。小桥、流水、青山构成一幅完美的画卷，简直美呆了！前方 2.5 英里就是著名的天使之地（Anger Landing），但是由于地面非常泥泞，两位男士不愿前行，我们只好放弃了。

◆宛若仙境的景色

☆ 长老的法院

长老的法院（Court of the Patriarchs）是摩门教的圣地。只见对面有 3 座超过 2000 米的山峰直插云霄，分别代表亚伯拉罕、以撒和约瑟(Abrham、Isaac and Jacob)，他们是摩门教的三位先知。三座山峰的确有点神似，至此，我们才领悟到宰恩国家公园的确是一个神圣的地方，特别是面对这三座圣山时，我们不禁肃然起敬。

◆摩门教的三位先知

☆ **博物馆**

博物馆虽小，但让我们了解到史前这里就有原始人居住，后来印第安人世代居住于此。博物馆内有一个纪录片令人感到十分震撼，摄影师以独特的视角向我们展示了宰恩国家公园的美，或气势磅礴，或美轮美奂，我们拍出的照片充其量只能证明我们算到此一游了。

◆七拐八弯的道路

游完宰恩国家公园这个人间仙境，我们就要赶往犹他州的奥德维尔（Orderville）小镇。值得纪念的是回程路很特别，七拐八弯。看，它是不是很奇葩的道路！这样的路在国内十分罕见。路上还经过了一个 1930 年建的隧道，至今仍然十分坚固，这个隧道有近 2 公里长，里面没有灯，车速都很慢，安全第一嘛！

晚上我们入住的是一家汽车旅馆（Motel），由于景区附近酒店房价很高，这家汽车旅馆相对便宜。第一次入住汽车旅馆，虽然感到有些新鲜，但发现条件十分简陋，充其量只能睡一下，但小镇还是非常漂亮的。

◆ 简陋的汽车旅馆

特别注意

- ★ 宰恩国家公园位于科罗拉多高原、大盆地与莫哈维沙漠交界处，自然景色与周边迥异，是犹他州的一块风水宝地，值得前往；
- ★ 旺季（4月1日至10月31日）时游客必须乘坐免费区间车进入宰恩国家公园，淡季时游客可自驾进入主峡谷；
- ★ 宰恩国家公园主要景点集中在宰恩峡谷，除常规游外，还有很多特色项目，如溯溪、攀岩、徒步等，可在此停留两日以上；
- ★ 宰恩国家公园内旅馆少且贵，建议在周边小镇住宿。

●鬼斧神工之布莱斯国家公园

5月18日，我们的目标是位于美国犹他州西南部的布莱斯国家公园（Bryce NP），它是由红色、橙色与白色的砂岩构成的奇特自然景观。据说它是美国所有国家公园中最小的，名气也不如前面几个，但我仍很期待。

气温仍然很低，早上起床一看才-1℃，我们不得不又穿上冬装，但今天却是一个晴天，蔚蓝的天空中飘着朵朵白云。虽然我们还没有正式进入景区，但沿途的美景已让我们目不暇接，沿途也不再是荒原，而是松林、草地和红色的砂岩，它们从我们眼前掠过，让我们好似穿行于一个天然画廊之中，心情也随之欢快起来。不同于往日所看到的绿色的松林，这里的松林是白茫茫的一片。原来因为气温低，加上这里海拔较高，高达3000米，松林上或是布满了霜，或是覆盖了一层薄薄的雪，它们在阳光的照耀下，有一种别样的美！往前走，出现在眼前的竟是一个冰雪的世界！继续向前，景色又变化了，没有了松林，冰雪也消失了。我们似乎又回到了荒漠世界，偶尔会遇到一些顽强的树木。再往前，我们开始进入一个满眼绿色的世界，一条小溪在其中蜿蜒流淌，好美的地方，没到景区我们已经醉了。

◆路上的风景

经过近一个小时的车程，我们来到了布莱斯国家公园的游客中

◆圆形剧场

心，这个景区比较特别，既可以乘坐穿梭巴士游览，也可自己开车游览。我们选择了乘坐巴士，我的期待也应验了，公园虽最小，却是最美的。它位于长长的布莱斯峡谷之中，是峡谷中最精华的一段。在白垩纪后期至新生代初期，这里是一个湖，孕育了丰富的沉积物，后来地壳抬升成为山地。亿万年来，经过大自然的风化剥蚀，这里形成了丰富多彩、鬼斧神工的红色石林奇景。当然，它的形成与一般的风化剥蚀不同。据介绍，这里一年中 200 天都有雪，冬天寒冷，夏天凉爽，而且昼夜温差很大，水汽在岩缝里晚上结冰膨胀，白天融化，逐渐侵蚀了这里的山地，形成了多姿多彩的地貌形态。

◆鬼斧神工的石林奇景

布莱斯国家公园的美，首先在于它的奇特的外形，整个景区好似一个圆形剧场，本地人称之为沉默的城市（Silent City），但是中国人的称呼更为形象——露天剧场，猛一看，它就是一个巨大的露天剧场，气势恢宏！其次在于这无比艳丽的石林景观，我们沿着一条徒步线路往峡谷深处行进，一步一景，一个个形态各异的石柱耸立在眼前，像城堡，像将军，像动物……它们变幻莫测的形态完全超出了我们想象，它们的美丽是我无法用言语表达的，在蓝天的映衬下，在各种造型的松木的陪伴下，它们红得如此灿烂，每一个石柱都让人惊叹不已！以至于我的手机不断地提醒：您的空间严

◆天生桥

◆枯树

重不足！布莱斯国家公园设立了不同的观景点，每一个观景点都换一个角度观赏美景。最后我们来到仙女观景点（Fairy Point），实际上，它应该是进入景区后的第一个景点，我们一开始错过了，但为了不留下遗憾，我们还是决定探访一下，结果发现这里与我们前面看到的美景真的是大同小异。

回程的路上，我们发现了很多太阳能板，显然这里正在大力开发太阳能，它同我们前面看到的大量风力发电都是清洁能源！

今天拍的照片是出行以来最艳丽的，虽然气温低，冻得我们瑟瑟发抖，照相时手都是僵硬的，但是我们收获满满。看，风和日丽，天空湛蓝，红色的石林景观是不是很美？

◆公园内的太阳能板

◆蓝天下的石林景观

◆小镇上的水车和周边的山峦

◆小镇上的雕塑

晚上，我们入住犹他州的卡纳布（Kanab）小镇，这个镇号称公园的心脏（The Heart of Parks），真的很牛！我们入住的是一个有近一百年历史的家庭公寓式旅馆，旅馆墙上的老照片向我们讲述它的发展历史，这里的厨房和沐浴间都是共用的，房价很高，但生意极好。吃过晚饭，我和孔老师出去转了一下，发现小镇位于一个盆地之中，周边都是红色的山地，而小镇处于一片绿树丛中，安祥，宁静，漂亮，布局别致，居民和善，一位热心的老太太还专门送了一张日出时的照片给我们，我让孔老师收藏了。

★5月的布莱斯国家公园温差仍然很大，务必注意防寒；

★旅游一定要徒步，下到谷底，谷底是公园内最精华的景致所在；

★一定要备好大容量相机，这里美丽的风景让你应接不暇；

★景区内住宿较贵，建议住在附近的小镇。

◆远眺鲍威尔湖

●奇妙的摄影之旅——羚羊谷

5 月 19 日早上 8 点，我们从卡纳布（Kanab）小镇出发，前往位于亚利桑那州的羚羊谷（Antelope Canyon），或称为羚羊彩穴，开始了我们奇妙的摄影之旅。

☆ 鲍威尔湖

前往羚羊谷，首先要经过著名的鲍威尔湖（Lake Powell），它如一颗蓝色的宝石镶嵌在荒漠之中，但我们并没有停留，只能远眺它那美丽的湖光山色。

☆ 格兰峡谷

◆格兰大坝

很快，我们又路过格兰峡谷（Glen Canyon），这里有横跨科罗拉多河的格兰铁桥和格兰大坝（Glen Dam），为了方便游人，桥梁两侧都建有小型停车场，游人可以来此观景。虽然它没有胡佛大坝那么有名，但来到大坝正面，我们被它的气势所震撼，只见蓝绿色的科罗拉多河奔腾而来，却被格兰大坝截流，大坝高达 216 米，拱形的顶部长达 470 米。科罗拉多河在这里蓄积起来形成一个巨大的湖泊水库，它就是著名的鲍威尔湖。整个湖区和附近的峡谷被统称为格兰峡谷国家旅游区（Glen Canyon National Recreation Area），同样，这也是美国一个非常重要的水库，在美国西部发挥着发电、灌溉等重要的作用。

☆ **马蹄湾**

继续前行，就是游人不可错过的一个重要景点——马蹄湾（Horseshoe Bend）。巧合的是，我在这里竟碰到去年 12 月我们一家三口参加美西定制游——美国 1 号公路游的司机加向导。世界之大，人生何处不相逢！你看，这就是我们的合影，让我留下一个纪念吧！

◆马蹄湾旁的巧遇

马蹄湾是一个免费景点，来这里的游人很多，它也是科罗拉多河的一段，蓝绿色的科罗拉多河在这里有 180°的大转弯，形成了一个 U 形谷，形似马蹄，非常壮观！上午正是观赏的好时机，在阳光的照耀下，马蹄湾自然而绝美的景色令人叹为观止！当然，这里没有护栏，但这正是它的魅力所在，如果加上护栏就破坏了它的自然与美丽。这里的确很危险，恐高的人是不敢走上前的，并且每年都有意外发生。俯瞰峡谷，蔚蓝色水面散发出迷人的光芒，还有一些游艇在河谷里穿梭，这真是人间难得一见的绝美景致！

◆绝美的马蹄湾

☆ **羚羊谷**

接下来，经过 17 分钟的车程，我们就到达了大名鼎鼎的羚羊谷，羚羊谷是我们今天的终极目标。这里属于印第安人——纳瓦哈（Navajo）人的保留地，他们世世代代生活在这里，这个景区完全由印第安人垄断经营，但经营方式不太规范，目前只有 5 家旅行社有经营权，大部分游客必须提前在网上或在附近的佩吉镇（Page）上的旅行社预约，游客坐上由大货车改装的客车由纳瓦哈族导游带领才能进去参观。景区门票是浮动的，不同的项目组合，不同的季节，不同的时辰，不同的年龄，其价位都不同。今天我们还算幸运，虽然没有预订，却坐上了一辆吉普车，由一个纳瓦哈族女孩带进去了，我们每人花费 60 美元，这可是此次旅行中最贵的门票，这样的景区在旅游业高度发达的美国也算是一个特例了。

在纳瓦哈族女孩的带领下，我们开始了真正的摄影之旅，太幸运了！这位导游很有经验，她迅速帮我们把相机或手机的感光度调到最高，只有这样才能拍出最美的照片！羚羊谷是一个典型的狭缝型峡谷，它因过去常有野羚羊出没而得名。峡谷总长约 400 米，谷顶两侧的间距很小，但由谷顶到谷底的垂直距离却高达十几米。狭缝型峡谷分为两个独立的部分，也就是上、下羚羊峡谷。上羚羊峡谷称为“裂纹”，而下羚羊峡谷则称作“螺旋”，今天我们游览的是上羚羊峡谷。自然光通过不同深度的红色岩层

◆作者与纳瓦哈女孩的合影

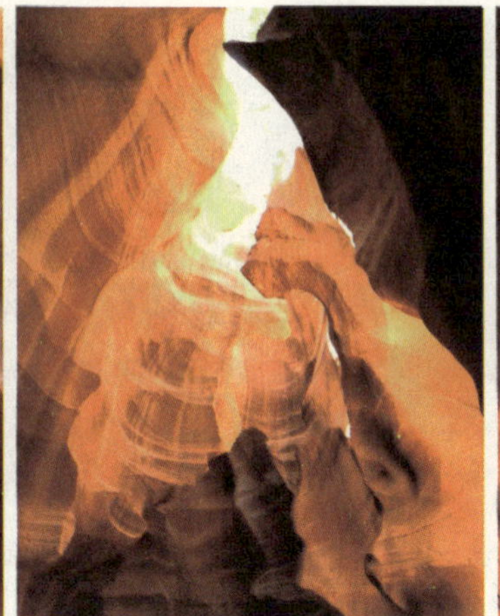

◆羚羊谷美景

缝隙的折射射入洞内，因此光线时刻在变化，不同的时间、不同的角度看到的色彩都不同。羚羊谷的美是唯一的，任何华丽的辞藻来形容它都有些多余，它就是光、影与石的完美结合！在这里，每一个人拍出的美景都不同，不同的光线照在红色的岩石上，折射出千变万化的美景，让你来不及仔细欣赏，只听见"咔嗒、咔嗒"的快门声。如果你拍的照片不尽如人意，就怪你的摄影器材和摄影技术太差！

这是一次难忘的摄影之旅，羚羊谷留给我们的印象就是：贵了贵了贵了！美了美了美了！醉了醉了醉了！

晚上我们入住布尔夫（Bullf）市的布兰丁（Blanding）小镇。这个小镇位于雪山脚下，景色宜人。吃过晚饭，我和孔老师到小镇上溜达，发现小镇上人很少，很多房屋都空置着，可能它们是一些美国人买来度假时住的吧！但小镇基本设施齐全。你看，这所小学很有趣，其电子标牌竖立于学校门前，新颖、醒目！

◆布兰丁镇上的小学

★ 马蹄湾是一个免费景点，一定不要错过；

★ 羚羊谷的绝美景致世界罕见，一定要备好相机，并调到最适状态；

★ 到羚羊谷旅游一定选择最好的时辰，中午光线最好，但价格也最贵；

★ 记住一定要给印第安纳瓦哈族导游小费，最低2美元哟！

●大自然的奇迹——石化林国家公园

最近，好运气一直伴随着我们，今天又是一个晴好天气，我们的目标是石化林国家公园（Petrified Forest NP），它位于亚利桑那州的北部，因拥有大量不同密度的石化森林而著称。我们迎着朝阳，沿着191公路开始了由北向南、由犹他州向亚利桑那州的行程。

一路上，看到很多人在跑步，穿的服装也是五花八门，他们为什么在高速上跑？正在纳闷中，又看到路上有很多临时服务站和标识牌子，原来这里正在举行业余马拉松比赛，这也是很有趣的一幕啊！

由于时间与费用的原因，原本计划的纪念谷（Monument Valley）游泡汤了，但很快我们就调整了心态，因为路上的景色也不亚于纪念谷，一路的美景同样令人赏心悦目。只见在广阔的荒原上，分布着一片片红色的岩体，在大自然的雕塑下，或成沟壑纵横的平顶山，或成蜂窝状的平顶山，或成一座座孤峰，好像一座座纪念碑。同伴孔老师说得很实在：犹他州处处是美景，应该命名为犹他公园（Utah Park）！

◆蜂窝状的平顶山

◆荒原上的“纪念碑”

再往南，我们就由犹他州进入了亚利桑那州，这里仍为荒凉的土地，几乎没有人烟，一些河流也断流了，眼前是一片片干涸的土地，但一些荒漠植物仍顽强地生活在这里。

继续前行，我们由 191 号公路转向 40 号高速公路，令人惊奇的是 66 号高速正与我们的行车路线平行，只是上面的车比较少而已。因为我们要赶路，只好放弃去体验这具有历史意义（如前所述，它是美国 1938 年建成，1985 年弃用的一条公路，号称“美国怀旧之路”）的公路了。

大约 11 点多，我们终于见到了石化林国家公园的路标，看，这就是路标，我们必须到这里签到！石化林国家公园有两个游客中心，北边为彩绘沙漠游客中心（Painted Desert VC），南边为彩虹林游客中心（Rainbow Forest VC），我们从北边进入。

◆石化林国家公园的标志

为什么在这干旱的高原上能形成如此壮观的石化林呢？原来在 2 亿年前的后三叠纪时代，这里曾经是广阔的冲积平原，许多小溪和河流从中穿过，这里生长着繁茂而高大的植物，栖息着各种各样的动物，最多的是巨型两栖动物和小恐龙，后来地壳抬升，各种植物和动物被泥土、泥浆、沙和火山灰等沉积物所覆盖。这些沉积物和树干与空气隔绝，分解变缓，含有二氧化硅（SO_2）的地下水浸湿这些树木，慢慢地原来的木头被二氧化硅所取代，变成了硅化石。后来风和水又不断地侵蚀这些沉积岩层，使这些石化树木和化石动物暴露出来，成为我们今天看到的蔚为壮观的硅化木，它们是几百万年环境变迁的见证者！很多树木硅化程度相当高，甚至成为玉石，它是美国人民的宝贵财富，难怪景区严格规定：游客不可带走任何一块石头。当我们进入公园门口时，工作人员就向我们告知了这个规定。

早在 19 世纪，石化林（Petrified Forest）就被人们发现，当时它遭受了盗挖和破坏，但美国人保护意识比较强烈，早在 1906 年，这里就及时开辟为石化林国家纪念地（Petrified Forest National Monument）予以保护，1962 年被确立为国家公园。

除了石化林，值得一提的是，最早这里还是印第安人的居住地。据考古发现，早在 13000 年前，原始印第安人就在这里留下了他们的足迹，石房子遗址、石质工具和神奇的岩画，这些岩画反映了当时他们的生活场景。后来由于气候变化，主要是干旱，

◆彩绘沙漠游客中心

◆硅化木垒起来的旅馆

印第安人才迁出了这片土地。

现在，我们的“白龙马”带着我们开始了景区的探险之旅。

◆彩绘沙漠景观

第一站：彩绘沙漠游客中心。这里自然不会错过，因为它能让我们对景区有一个全方位的了解，而且让我们在这里进行补给与修整。

第二站：彩绘沙漠旅馆（Painted Desert Inn）。这个旅馆很特别，它是1938年建成的，完全是用硅化木垒起来的，外面糊了一层红色的泥土。1939年开始营业，每晚50美分，好便宜！而现在作为博物馆向游人开放。从它的材质和历史价值来看，它可是美国的宝贵遗产，是一个价值连城的旅馆！

◆66号公路上的老爷车

第三站：彩绘沙漠景观（Painted Desert Overlook）。在这里，你可以欣赏到不同的彩绘沙漠景观。这些美景似乎在死亡谷也看过，但又有所不同，因为这美景之中还夹杂着大量的硅化木。

第四站：66号公路基准线（Route 66 Alignment）。原来，美国的母亲之路——66号公路竟横穿景区，66号公路的标志和废弃的汽车就是最好的见证。

第五站：Puerco Pueblo。这里是原始印第安人废弃的村落，留下了一组石质地基，最重要的是在这里发现了岩画。仔细看，他们的岩画有点像中国古代的象形文字呢！

◆ 印第安人村落遗址

◆印第安人留下的岩画

◆又一处神秘的岩画

第六站：报纸岩（Newspaper Rock）。在这里，你只有通过望远镜才能发现一块隐蔽得较深的岩画。

第七站：蓝色的平顶山（Blue Mesa）。一路上，我们看到不少平顶山，但是来到这里，才发现以前看到的真是差远了！这里才是各种平顶山的大汇集，其中还夹杂着大量的硅化石，看着如此美丽的景色，我的相机直接显示空间已满！现在还是让图片说话吧！

◆蓝色的平顶山绝美景致

第八站：玛瑙桥（Agate Bridge）。太不可思议了，一个巨大的硅化木横亘在一块长条岩石之上，下面是沟谷，可惜已经干涸了。看，有图为证。

◆玛瑙桥

第九站：碧玉林和水晶林（Jasper Forest and Crystal Forest）。大大小小的硅化石非常集中，这里就是一个巨大的石化森林！第一次见到这么大规模的硅化石，真是让我们大饱眼福啊！

◆大面积的石化森林

第十站：彩虹林博物馆和巨大的圆木硅化石（Rainbow Forest Museum and Giant Logo Trail）。这里实际上就是彩虹林游客中心。通过这个博物馆，我们进一步了解了景区的发展历史，而在这个博物馆后面，又是一个硅化石的聚集区，我们看到了巨大的硅化木，虽然它们已被风化为一段一段的，但仍能想象出当年它们可是巨大的圆木啊！

◆彩虹林博物馆

◆巨大的圆木硅化石

◆奇特的玛瑙屋

最后一站是长长的圆木和玛瑙屋（Long Logs and Agate House）。由于天色已晚，再加上路途比较遥远，我们放弃了游览，那么就借用一张图片聊以自慰吧！

石化林国家公园的游程结束了，宣告我们国家公园之行圆满收官！截至目前，我们已走过了8个国家公园、1个印第安人公园，历时24天，接下来我们将开启返程之旅。

晚上我们入住新墨西哥州的盖洛普（Gallup）小镇的一家爱彼迎民宿。房东来自波多黎各，看起来就像一个墨西哥牛仔，长得十分健壮，对我们非常热情友好，晚上还与我们一起共进晚餐。我们品尝了他的啤酒，味道不错！他也品尝了我们做的土豆丝和番茄炒鸡蛋。第二天，他还与我们合影留念，并赠送了水果给我们。看，这就是那个超级热情的房东！

◆作者与房东的合影

★ 景区偏远，面积太大，必须自驾或参团前往，一日游时间比较紧；

★ 景区游客中心有相关纪录片，可以帮助游客了解景区；

★ 景区资源受联邦政府保护，游客不能带走任何一样东西；

★ 景区内没有服务网点，游客务必自带矿泉水与零食。

●终结篇——再见，美中和美西！

整整一个月的美国中西部长途旅行结束了，它给我的感触太多太多，也让我收获太多太多。

这次旅行的实现完全得益于一次偶然，当我听说小毛博士正在酝酿一次美国中西部体验式漫游，而他们正好缺一个女生时，我是多么激动，这简直就是天赐良机。

这次行程是我这一生中最为独特的一次。因为它不仅时间最长，路线最长，内容也最丰富。我们行走了一万多英里，形成一个大环线。我们跨越了美国 16 个州，经过了美国西部一些主要的城市，游览了 8 个国家公园和 1 个印第安人公园，住过不同风格的民宿，有的超级豪华，有的简陋不堪，我们还体验过汽车旅馆和小旅馆。

我们的行程很艰苦，前面总是充满了很多未知，也充满了很多变数，例如，到了芝加哥，小周同学就退出了，到了旧金山，夏教授又退出了，只有小毛、孔老师和我三个坚定的旅行者笑到了最后。一路上，没有进过一个餐馆，没有住过一次星级酒店，除了我们自己做的饭，大多数时候我们吃的是方便面和馒头，但我们挺过来了，现在回忆起来，似乎也没觉得多苦，反而让我们回味无穷。

一路上的磨合，大家彼此基本能互相关照，虽然旅途中出现了一些小小的不和谐，但如今对我们来说一切早已释怀，因为对于我们此行的收获而言，那一切不过是浮云！小毛博士是一个充满活力的年轻人，他的聪明、博学和吃苦精神让人敬佩。孔老师是山东人，一路上我们都在吃他做的馒头，他就是我们的炊事员。他的豪爽、勤劳、细心和好脾气让我感动！夏教授是安徽人，他是一位儒雅且有点小浪漫的学者，他的加入让我们的旅行充满了欢乐！

一路的美景，让我们常常感到美国的确是一个幅员辽阔、地大物博的国家。我们的“白龙马”常常行走在一望无际、荒无人烟的旷野之中，前方的路常常让人觉得是天路，直达天际。除了众多的景区，我们走过的城市、小镇、农庄、街道，无一不是一个个鲜活的景点，它们都让我们记忆深刻、依依不舍、流连忘返。美国西部果真处处是景，是当之无愧的旅游宝地！

一路上，我们几乎全靠谷歌导航，买的导航仪大多时候不管用，让我们不得不佩服谷歌导航功能的强大，这也说明美国的公路系统十分完善，少变化。

一路上我对美国的交通感触颇多：美国的交通规则各地有所不同。像纽约、洛杉矶等这些大城市，车的前后都有牌照，但中小城市却只有后面才有。而探头只有大城市才有，因为大城市交通拥挤，堵车现象很常见，违规的车辆也相对较多。

美国的警察非常“狡猾”。在高速公路上你似乎看不到警车，他们大多隐藏在暗处，并没有放置警灯。一旦发现超速者，他们就会迅速放上警灯，逼停违规车辆，开出罚单，真可谓防不胜防，在这里唯有遵纪守法才是正道。我们的车也曾经历过惊险的一幕，一辆警车发现我们有超速嫌疑，但苦于没有证据，它一直紧跟着我们十几分钟，但我们后来一直很守规矩，警察最后不得不放弃我们，悻悻离去。

美国的交通规则也非常人性化。残疾人的车位是绝对不能占据的，否则罚款250~300美元；遇到停车（Stop）标识时，一定要停下至少三秒，否则可能被罚款70~80美元；遇到校车（School Bus）一定要礼让，否则被罚款1000美元；听到警车、消防车、救护车鸣笛一定要靠边停；见到行人，车主一般会做手势让行人先行；车灯闪一下表示友好，按喇叭表示警示，应该说这些都是美国人生活中的常识吧！

当然，在旅行中也留下了不少遗憾，想去的景区没有去成，想深入了解的景点，因为没有时间或者同伴没兴趣等只好放弃，人生总是充满缺憾，虽然错过了一些风景，但是过程比结果更重要。

也许，离开了美国，很久以后，我还会想念这次旅行中的点点滴滴，会想念陪伴我度过美好时光的毛博士、孔教授、夏教授，还有很多很多。

- 在美国自驾进行长距离的旅行是一次难得的体验，有机会一定要试一试；
- 出去旅游，团队很重要，一定要寻找志同道合的同伴，大家应该同甘共苦；
- 长途旅行，一定要提前做好攻略，但是也要随机应变，不断调整；
- 中国人大多不适应美国的饭菜，长途旅行时最好带上锅碗瓢盆，可到超市购买食材，因为民宿中大多带有厨房；
- 最多提前预订两、三天的住宿，长途旅行中变数很大，退房比较麻烦；
- 在美国春季出行，横跨东西，最好带上不同季节的衣服，雨伞、太阳镜、帽子、防晒衣、防晒霜、旅游鞋等是最基本的装备；
- 旅行中，一个性能完善的、流量充足的手机非常重要。

回味底特律

在底特律韦恩州立大学（Wayne State University）作访问学者的好朋友吴同学多次邀请我去底特律（Detroit）游玩，我迟迟没有去成，终于在我即将回国之前实现了。为什么之前没有下定决心呢？因为在我的印象中，底特律并不是一个旅游城市，而是一个破产的汽车之城，城市经济一蹶不振，市政设施衰败不堪，治安状况更是严重堪忧。曾几何时，这里一美元的房屋竟无人购买！昔日的辉煌已一去不复返！但禁不住好友相邀，我怀着惴惴不安的心情，乘灰狗巴士花费了近 7 个小时来到这个位于密歇根州的边境城市。

几天的所见所闻，让我改变了对底特律的看法。

●底特律是一个正在崛起的城市

虽然 2013 年底特律向世人宣布破产了，但是经过几年的复兴，市中心的街道并没有传说中那样破烂不堪，主干道仍然非常宽阔、干净、整洁；从人们的脸上，你看不到沮丧的表情，倒可以感受到人们安居乐业的态度，整座城市仍然是一片祥和、安宁！时不时还能看到一些鼓舞人心的标语。为了吸引游人，城区的有轨小火车竟可以免费乘坐，这是我在美国访学期间头一次碰到啊！街道两旁高楼林立，底特律是全美保存摩天大

◆底特律的摩天大楼

◆通用汽车文艺复兴中心大楼

楼和历史建筑最多的城市之一，这些高楼大厦见证着这座城市的崛起！特别是高耸于底特律河畔的通用汽车文艺复兴中心（GM Renaissance Center），它是由5座高楼组成的连体楼群，它们傲视群雄，让人仰视！

●底特律是一个历史悠久的城市

这座城市是1701年由法国毛皮商所建立，经过几百年的风风雨雨，它发展成密歇根州最大的城市，也是一座重要的港口城市，更是世界昔日的汽车中心。今天我们仍能从一些古老的教堂、学校、银行、美术馆、博物馆等去体味它悠久的历史，其中建于1868年位于中城（Midtown）的韦恩州立大学，就是一所有着一百多年历史的老校，它见证着底特律城的兴衰。韦恩州立大学是美国一所知名的公立研究型大学，其

◆ 建于1868年的韦恩州立大学

◆韦恩州立大学的古老建筑

工程、医学、艺术、教育等学科实力雄厚，中国人熟悉的老朋友白求恩医生就是从这所大学毕业的，这不禁让我们对这所学校肃然起敬。校园的中心是一座塔楼，每个学院门前都竖立着一座独特的雕塑，这些雕塑独具匠心，寓意深刻。

●底特律是一个崇尚艺术和科学的城市

底特律有不少艺术馆和博物馆，它们使这座城市充满了艺术氛围。底特律艺术馆是整个美国最大的且最为杰出的一座美术馆，前来这里旅游的人都对它赞不绝口。这座美术馆里面藏品丰富，截至 2013 年，馆藏达 60000 件。这里的艺术品来自世界不同的地方，它们年代不同，风格不同，流派不同。来自 17 世纪的绘画作品是整个美术馆的精髓，相当一部分的画作都是底特律当地汽车业巨头的私人捐赠。其中不乏名师作品，伦勃朗、鲁本斯、毕加索、马蒂斯、塞尚、马克罗斯科与惠斯勒等大师的杰作安静地陈列于此，其艺术水平之高超，让人叹为观止。当然，由于我的艺术鉴赏力有限，

◆底特律艺术馆

◆底特律艺术馆珍藏的名画

◆底特律的科学中心

没能记住大师的名字，这里只展示两幅画作，作为纪念。

底特律的科学中心，实际上就是一座科学博物馆，在这里，你可以了解和学习科学知识，因为它把我们生活中遇到的一些事物的科学原理为游人完美地展现出来，你不仅能看，也能摸，更能亲自动手去操作，比如模拟交通信号系统、炼钢、矿产开发、机器人、航天发射、龙卷风、雷电等。短短一个多小时的参观，让我大开眼界，学到了不少科学知识。

●底特律是一个风景秀丽的城市

底特律最美的地方自然是河滨地区，底特律河作为一条界河连接着美国和加拿大。如果你时间充裕，花上 40 多美元乘坐游轮畅游底特律河是一个不错的选择，它能让你饱览两岸美丽的风光，一边是高楼林立的底特律，一边是美丽安宁的温莎市。为了更好地了解这座城市，我们选择了乘坐有轨小火车，然后步行来到河边，只见清澈的底特律河缓缓地流淌，不远处就是著名的大使桥，它连接着美国的底特律和加拿大的温莎市，是一座非常繁忙的国际边境大桥。大使桥建于 1927 年，是一座悬索桥，既有哥特式风格，又展现出了现代简约风格，它横亘于底特律河之上，十分大气、漂亮。走在底特律河滨，风光旖旎，美不胜收，但最美的地方当属百丽岛公园（Belle Isle Park），它是美国最大的一座岛屿公园，位于底特律河中间，由百丽岛大桥（Belle Isle Bridge）与陆地相连。从地图上看，这座公园似乎不远，于是我们决定步行前往。走进公园，映入眼帘的首先是一个别致的花坛，旁边插着美国国旗。放眼望去，这是一个绿树成荫、绿草茵茵、鸟语花香的公园，公园内有不少野生动物，但最多的是野鸭，地上随处可见的漂亮羽毛就是它们的杰作，收集起来也是不错的艺术品！如此优雅宁静的环境，自然吸引了本地居民及各地游客前来度假休闲。除了自然景观，这里也有不少人文景观，一个欧式风格的巨大喷泉十分壮观别致！而古老的塔楼和雕塑看起来有些沧桑。除此之外，公园里还建有高尔夫球场、海事博物馆、水族馆、植物园等，我们参观了这个小巧的植物园，碰巧一对新人在此举行婚礼，庞大的伴郎伴娘团也是一道风景。

◆大使桥

◆百丽岛大桥

◆百丽岛公园入口

◆百丽岛公园的野鸭

◆百丽岛公园内的巨大喷泉

◆百丽岛公园内的塔楼

◆百丽岛公园内的雕塑

◆植物园前的伴郎伴娘团

不知不觉中，我们已走了很远，游完百丽岛公园，才发现回程的路是那么漫长。由于公园位置偏远，又时逢周末，我们没有赶上公交车，只有步行至市中心（Downtown）才能搭乘有轨小火车。长时间的步行已让我们体力不支，两条腿似乎已不属于自己，一个多小时后，我们终于安全地回到住地，结束了一天的旅行，也给我的底特律之旅画上了圆满的句号。

底特律，一个让人回味的城市！

★ 底特律区外交通系统完善，飞机、火车、巴士和小汽车等都可通达，其中乘坐灰狗巴士前往，价廉物美，是一种不错的选择；

★ 底特律区内交通便利，城市有有轨小火车途经主要街道，价格低廉，且车内有免费 WiFi；

★ 百丽岛公园是底特律最大最漂亮的公园，是本地居民和游人的休闲之地，可自驾前往，也有公交到达；

★ 如果时间允许，一定要前往通用汽车和福特汽车公司游览，它们是底特律的荣耀与象征。

东游记

从地理分布来看，匹兹堡属于美国东部，从这里到达东部各大城市都十分便利。作为旅游管理专业的教授，利用假期进行一场东部火车之旅是一个不错的选择，它将使我更深入地了解美国。美国东部知名城市很多，比如有中国人最喜欢的城市：费城、华盛顿、纽约、波士顿、普林斯顿、布法罗等，其中大名鼎鼎的普林斯顿、波士顿和纽约一直让我梦牵魂绕，那么在回国的前夕，我应该去完成自己的愿望。与“西游记”相对，我把它命名为“东游记”。

●探亲之旅——普林斯顿

在离开美国、结束访学的前夕，美东成了我最为向往的地方，以前由于各种机会，我去过华盛顿、费城和布法罗等城市，但一直没有机会去纽约和波士顿。那么，这次美东之行，纽约和波士顿就是我最重要的目的地了。当然受老公之托，我得首先去新泽西州的普林斯顿（Princeton）市，拜访老公的舅舅和表妹一家。正好来自韦恩州立大学的好友吴同学来到匹兹堡，于是我们进行了一场说走就走的旅行。

到普林斯顿可不是一件容易的事，我们得乘火车从匹兹堡出发，先到纽瓦克（Newark），然后转乘去普林斯顿。火车在美国并不是一个主要的交通工具，由私人运营，由于乘火车的人不多，班次也少，因此运营商时常亏本，为此，联邦政府每年必须拨款以示支持。第一次在美国乘坐火车，还有点新奇，虽然火车内设施齐全，有免费WiFi，也比较卫生，但是它的速度实在叫人不敢恭维，我只能说它慢如蜗牛，连中国的慢车都不如，但好歹让我们体验了一把，也是一次不可多得的经历吧！

☆ 见到亲人

虽然火车慢悠悠地前行，但一路十分顺利，火车准点到达纽瓦克，我们又幸运地乘上了从纽瓦克到普林斯顿的区间直达列车，20 多分钟就安全抵达普林斯顿，表妹急匆匆地从公司赶来接我们，让我们在异国他乡感受到了浓浓的亲情和温暖。经过十几年的奋斗，如今表妹事业十分了得，目前是一家咨询公司合伙人之一，表妹热爱她的工作，精力充沛，一见面就感觉她是一个干练的职业女强人，而她的家庭也经营得很成功，有一个爱她的丈夫、两个活泼可爱的孩子，住着豪宅，开着豪车，真是人生赢家啊！看着表妹一家生活得这么幸福，我真为她高兴。

见了表妹一家后，我要去拜访舅舅、舅妈，这也是我们此行的重要目的之一。表妹深受中国传统文化的影响，对父母十分孝顺，把父母也接到了身边，并住进了一座老年公寓，享受着美国给予老年人的福利。从这点上，让我不由得感叹美国的社会保障制度十分完善。我们一行驱车前往舅舅、舅妈居住的老年公寓，这是一座漂亮的欧式风格建筑，外观呈红色，干净整齐，绿树成荫，内外部设施齐全，一个非常适合老年人安度晚年的地方！见到舅舅、舅妈身体健康，心情愉快，也算完成了我的一桩心愿！

☆ 普林斯顿大学

来到普林斯顿，普林斯顿大学（Princeton University）自然不会错过。这是一所历史悠久的私立研究型大学，它创建于 1746 年，在学术界享有极高的声誉，是常春藤名校之一。该校学生不多，只有7000多人。它引以为豪的是本科教育。它强调培养学生的人文和科学的综合素养，学生毕业可拿到人文和科学的两个学位。这是一所培养世界精英的大学，有40多位诺贝尔奖获得者在这里工作过或学习过，大名鼎鼎的科学家爱因斯坦，中国学者华罗庚、杨振宁等都在这里做过研究，而美国好几位总统也是该校校友。

时值暑假，走在校园里，虽然一些地方正在大兴土木，但校园仍然十分安静，也可看到匆匆而过的学子。而在绿树丛中，分布着众多古老的哥特式建筑，它们的墙壁上爬满藤蔓，非常大气漂亮！这里的图书馆很多，几乎每个学科都有自己的图书馆，而最为著名的是燧石图书馆（Firestone Library），它也是一幢古老的建筑，让人感受到浓浓的人文气息。校园内随处可见各种造型的雕塑，最为著名的就是老虎了，因为它是普林斯顿大学的吉祥物。在这里，我们有幸参观了普林斯顿大学的美术博物馆，它可是一座拥有世界级藏品的博物馆，从古代到现代，地中海、西欧、中国、美国、古希腊、古罗马和拉丁美洲的文化遗产都有收藏。一所大学博物馆有如此丰富的藏品，真是让人大开眼界。

普林斯顿探亲之旅结束了，这个恬静安详的小城市，这个让人回味无穷的大学之城，一方面让我开阔了视野，另一方面也激励着我不断前行。

★ 在美国乘坐火车是一种特殊体验，但速度太慢，要谨慎选择；
★ 普林斯顿大学是世界顶尖学府，作为教育旅游项目，值得向青少年推荐；
★ 普林斯顿大学有通往火车站的区间巴士，需要自己在自动售票机上购票。

◆普林斯顿大学内的哥特式建筑

◆普林斯顿大学图书馆

◆普林斯顿大学的吉祥物——老虎

◆普林斯顿大学美术博物馆的收藏品

●学术文化之都——波士顿

从普林斯顿到波士顿，我们仍然选择了乘火车。虽然火车是那么缓慢，但我们已经适应了它的节奏，晚上 11 点我们准时抵达波士顿南站（Boston South Station），在这里我们将投奔 30 多年未见的老同学——黎同学。

☆ 再续友情

早就听说有一个中学同学黎同学生活在波士顿，但真正下决心前往我还是思量了好久：我们已经 30 多年未见面，况且中学时代没有讲过一句话，他变成什么样子了？他会接待我们吗？当我们风尘仆仆乘坐火车来到波士顿南站时，发现一切担心都是多余的。虽然几十年没见面，但我们一下就认出了彼此，在一个陌生的城市，有一位老同学接站，让我们一颗悬着的心落了地，有老同学真好！

黎同学早早地为我们安排好了一切，当我们驱车来到他家里时，他贤惠的妻子已经在家等候许久，并且为我们安排了晚餐和舒适的客房。黎同学有一个幸福和谐的家庭，看着他们一家其乐融融，殷勤好客，自然也让我们在异国他乡感到家的自在与温暖。

黎同学已经来美国 20 多年了，如今他的事业做得风生水起，有洋房，有豪车，有贤惠的妻子，有两个儿子，已是成功人士，算得上美国的精英阶层了！虽然因为工作的原因，他的工作时间必须黑白颠倒，但他已经习惯了。这几天，由于我们的到来，打乱了他的生物钟，也让他破费不少，带我们去参观、购物、吃龙虾大餐，让我们感到浓浓的同学情。黎同学，谢谢你！

◆黎同学请吃龙虾大餐

☆ 走进世界顶尖学府

一个城市竟有两所世界顶尖学府，这让这个城市充满了浓厚的学术和文化气息。当然，参观哈佛大学（Harvard University）与麻省理工学院（Massachusetts Institute of Technology，缩写为 MIT）是我们此行最重要的目的之一。

波士顿曾经是英国的殖民地，这里到处都留下了英国的痕迹。哈佛与麻省理工就位于大波士顿地区的剑桥市，以查尔斯河相隔。波士顿的地铁系统比较完善，几乎能覆盖所有的重要旅游景点，于是我们购买了地铁一日票，每人 12 美元，第一站就是全球学子仰望的学习圣殿——哈佛大学与麻省理工学院。

哈佛大学是美国常春藤大学中最古老的一所综合型私立研究型大学，它建于 1636 年，是美国历史最悠久、学术水平一流的高等学府，被誉为美国政府的思想库，这里为美国和世界各国培养了无数社会精英。我们来到了被称为“哈佛院子”的最古老校园，只见这里古木参天，绿草茵茵，环境优美，各式古色古香的建筑掩映在绿树丛中。现在时值暑假，哈佛却热闹非凡，成群的旅游团一个接一个地造访，而为他们进行解说的人正是哈佛大学的学生志愿者。看到这个情景，倒是有几分像中国的北大与清华，这分明就是一个旅游区啊！我们是自由旅游者，立刻也被这喧闹的气氛所感染。走在 17 世纪的建筑群中，仿佛置身于哈利·波特的魔法王国之中，每一幢建筑都有它独特

◆哈佛院子一角

◆著名的约翰·哈佛雕塑

◆校友捐建的大楼——毕业典礼在此举行

的历史，每一个雕像都有它深刻的含义。这不，我们来到了哈佛最有名的约翰·哈佛雕塑（John Harvard Statue）前，它可是哈佛最著名的标志。每一个旅游者都会触摸一下它左脚上的鞋子，并与之合影，以作为到此一游的证据。约翰·哈佛是哈佛大学的创始人，人们触摸雕像的鞋子，也是希望得到智慧和好运。

麻省理工学院是世界理工科学子们仰望的学习圣殿，它位于查尔斯河畔，建于1861年，历经风雨仍屹立于世界高等学府的顶端，想必是得到了查尔斯河的恩泽吧！比起哈佛，麻省理工学院的建筑平实低调了许多。这里的建筑大多比较沉稳，裙楼是麻省理工学院最为著名的建筑，它建于1916年，也有百年历史了，建筑上有麻省理工学院几个刚劲有力的大字。楼群由一组互相连通的大楼组成，内部由长长的走廊贯穿，方便人们往来于各个院系之中，楼顶是“大穹顶”(Great Dome)，它是麻省理工学院的标志。楼前有草地广场，是学校举行重大活动，如毕业典礼、名人演讲等的场所，整个楼群庄严、宏大、简洁、质朴，体现了古希腊和古罗马时期的对称之美。

但是在这平实之中，我们发现一处奇特的建筑，它就是施塔特中心。这组建筑体

◆麻省理工学院的主楼

◆麻省理工学院楼前的草地广场

◆麻省理工学院内的“怪楼”

现了设计者惊人的想象力，不仅五颜六色，而且东倒西歪，奇形怪状，被称为“怪楼”，成为校园一景。

☆ 昆西市场

昆西市场（Quincy Market）是一个建于1824年的古老市场，历经风雨仍然热闹非凡，如今这里是波士顿著名的购物广场，有很多美食、时装、装饰品、礼品、珠宝等，还有很多有历史价值的建筑，在这里一方面可以让你大快朵颐，品尝新英格兰风味的海鲜汤和龙虾，另一方面也可以满足你的购物欲望，当然你也可以走到海边，吹吹海风，看看远处的帆船和游艇，那也是一件十分惬意的事情！

◆ 古老的市场——昆西市场

◆昆西市场的海滨

☆ 空中漫步观景平台

波士顿是一个摩天大楼众多的城市，著名的普天寿大厦（Prudential Center）只是这里的第二高楼，但在50层上设有空中漫步观景平台（Skywalk Observation），从

◆俯瞰查尔斯河

◆远处的海景

◆波士顿第一高楼——约翰·汉考克大厦

而使它成为游人的必游之地，你只需要花费 19 美元就可进去观景。空中漫步观景平台有着全玻璃围墙，长方形大走廊，可以 360° 无死角地观看波士顿的美景。远处是一望无际的大海，上面散落着一些小岛，这不禁让我联想到中国的千岛湖；近处是教堂、街道、公园等，而查尔斯河贯穿整个城市，为这座城市增添了活力和灵气。在众多建筑中，最为醒目的是约翰·汉考克（John Hancock）大厦，它是波士顿的第一高楼，是一栋外墙都是玻璃的现代风格的塔楼，由著名的华人设计师贝聿铭设计。再俯瞰，可看到一些著名的建筑，如三一教堂（Trinity Church）是建于 19 世纪典型的欧洲中世纪风格的教堂，呈红色，装饰得非常精美；第一科学教堂(The First Church of Christ Scientist)是一座圆顶教堂，看起来十分雄伟；另外还有玛丽·贝克·艾迪图书馆、波士顿交响乐大厅等。当然，还有很多不知名的建筑。整个城区被整齐的街道划分为一个个街区，其中最为宽阔笔直的街道就是联邦大道（Commonwealth Ave）。

虽然游览波士顿城区只用了一天时间，但是通过搭乘方便的地铁，透过这个著名的空中漫步观景平台，我们全方位地饱览了波士顿的风光，也算不虚此行了。

☆ 意外的惊喜——罗得岛

在没有去罗得岛（Rhode Island）之前，一直以为它属于马萨诸塞州，现在才弄明白，原来它属于罗得岛州，它是美国最小的一个州，看来我的地理知识也需要恶补一下了。来到老同学家，时逢周末，老同学开着它的大商务车，把他们一家子，再加上我们一起载到罗得岛旅游。对我来说，这是一个意外的惊喜吧！

今天我们要去的地方是罗得岛州的纽波特（Newport），它是罗得岛州的一个小城镇，由一座大桥与陆地相连。岛上环境优美，风光宜人，分布着很多海湾，这里地价自然十分昂贵。我们一行人穿行于岛上狭窄的街道之上，两边除了一些商铺、餐馆外，就是一幢幢精美的别墅了，其中最为著名的是破坏者（Breakers）和大理石别墅（Marble House），作为私宅，它们的奢华堪比皇宫，但比皇宫更有生活气息，如今它们都归属于联邦政府并对外开放，让游人了解美国富人是如何过着皇宫般的生活。我们选择了大理石别墅参观游览，它是铁路大亨威廉・范德比尔特送给他的妻子艾尔瓦的礼物。大理石别墅始建于 1888 年，直至 1892 才完工，当时耗资 1100 万美元，相当于现在的上亿美元，别墅共有 50 个房间，内外材料全是大理石，是名副其实的大理石别墅，房间的桌椅装饰都是金包铜，极尽奢华，每一个房间都有不同的主题风格，被誉为美国历史上最奢华的建筑。

◆大理石别墅

◆大理石别墅内部的奢华

走出大理石别墅，来到它的后花园，顿时眼前一亮，原来主人对中国传统文化很感兴趣，专门派人去中国学习建筑设计，回美后设计了这座具有中国风格的茶亭。只见茶亭呈红与绿的基调，飞檐翘角，门前还有两头石狮子，里面是中国字画，但仔细看却发现与中国传统的建筑不太一样，门口的狮子小了一号，山门与凉亭靠得太近，绿色的墙面不常见，飞檐也不是那么流畅，看来建筑师只是学到了中国传统建筑的形，没有学到魂啊！但是我们在异国他乡能看到这个中国风格的楼阁，倍感亲切！

◆中国茶亭

离开大理石别墅，我们一行人驱车来到海边公路，迎着夕阳，左边是一幢幢漂亮的海滨别墅，右边是浩瀚的大西洋。在阳光的照射下，大海如此深邃，如此湛蓝，犹如一块巨大的蓝宝石，美得令人窒息。如此良辰美景岂可错过！停好车，来到海边，我们施展自己的天性在海边尽情地拍照。看，大西洋的海景是不是很美？面对这里的美景，不禁让我想起美国 1 号公路上太平洋的海景，与之相比，这里的海景毫不逊色。

◆波涛汹涌的大西洋

◆风平浪静的大西洋

罗得岛（Rhode Island）虽小，但风景秀丽，而且还是著名的常春藤盟校——布朗大学的所在地，布朗大学历史悠久，人才辈出，它就是一个迷你版的哈佛！

短短的三天，只能说是对波士顿进行了匆匆一瞥，顺带感受了一下罗得岛美丽的风光，但是它们却深深地印在了我的脑海之中，我会记住的：充满学术文化气息的波士顿！美国第一度假胜地之罗得岛！

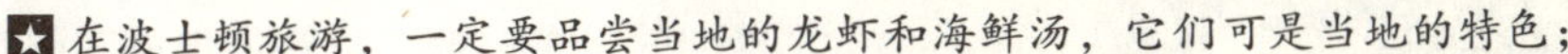

- ★ 在波士顿旅游，乘坐地铁游览是一个不错的选择；
- ★ 在波士顿旅游，一定要品尝当地的龙虾和海鲜汤，它们可是当地的特色；
- ★ 在波士顿旅游，一定要登上普天寿大厦，这里是观看波士顿全景的最佳场所；
- ★ 罗得岛是美国第一度假胜地，要专门安排一到两日游，以充分享受大西洋的海风、海水与海韵。

●纽约的繁华与无奈

纽约（New York）不是一个浪漫的城市，却是一个你一生中值得一来的城市，否则你将枉来美国一趟。作为世界最知名的大都会，纽约是旅游者向往的地方，自然也是我们向往的地方。

☆ 纽约是一个繁华的城市

说到纽约，人们脑海里自然会浮现出自由女神像、华尔街、第五大道、时代广场、中央公园、大都会博物馆、三一教堂、帝国大厦、联合国……林林总总，总会勾勒出一幅幅繁华的画面。是的，纽约的确很繁华，这里有世界著名大公司、银行等的办公大楼，有着众多的商店，摆放着琳琅满目的商品、奢侈品……它们支撑着纽约的繁华。这里车多人多，无论是大街还是小巷，总呈现出车水马龙的景象；无论是乘坐地铁，还是乘坐公交，总是挤满了不同肤色的人。人们总是行色匆匆，奔赴各自的工作岗位。

◆第五大道行色匆匆的人们

☆ 纽约是一个美丽的城市

纽约的美更多地体现在它独特的人文风光上，这个号称拥有世界上最多的高楼大厦的大都会，有着很多辉煌的建筑。老的世贸中心如今已成

◆纽约新世贸大楼

为归零地（Zero Ground），并在旧址上建了博物馆，让人不要忘却那惨痛的一幕。而在旧址周围修建了一栋新的世贸大楼，其建筑艺术让人惊叹。一些古老的建筑穿插其中，如著名的三一大教堂、圣保罗大教堂、美国联邦大楼等，它们在这个现代大都市里一点也不显得突兀。当然最吸引游人的还是帝国大厦，大厦的 86 层和 102 层已被开辟为观景台，当然价格也不菲，分别为 35 美元和 52 美元，我们选择上到 86 层，透过这个 360° 的观景台，纽约全景、特别是曼哈顿美丽风光一览无余，让人真切体会到纽约的繁华与美丽！

当然，欣赏纽约的美，我认为最好的方式莫过于乘游轮环绕自由岛旅游了。乘坐游轮航行于湛蓝的哈德逊河之上，寻找一处靠窗的位置，享受着习习的微风，观赏着

◆帝国大厦上观纽约全景

◆错落有致的摩天大楼

◆自由女神像

◆华尔街上的大金牛

◆华尔街

◆华尔街上的纽约证券交易所

自由女神像，听着讲解员讲述纽约的过去、现在和未来，真是一件人生美事！走下游轮已是中午时分，我们顶着烈日，来到了华尔街，它可是闻名遐迩的世界金融中心，实际上却是一条平凡的小街道，但这里集中了很多银行、投资公司等，纽约证券交易所正处于华尔街的中心，我们却寻找了好久，因为它的名字太不显眼了，高高地写在一幢不起眼的大楼的上方。这里最有人气的还是大金牛，来自世界各地的游客把它摸得锃亮，因为人人都想沾点财气！

☆ 纽约是一个狂欢的场所

这里几乎每一条街道上都挤满了人，第五大道、42 街更是热闹非凡。人气最旺的要数 42 街上的时代广场，这里布满了各种商铺、餐馆，人们聚集于此，喧闹声响彻云霄。在这里，人们边喝着咖啡或啤酒，边欣赏着街头艺人夸张的表演。一些艺人还装扮成自由女神、蜘蛛侠、迪士尼的卡通人物，人们争相与之合影；最令人称奇的是两位妙龄女郎以人体彩绘为衣裳，几乎全裸地站在时代广场之上，一些男性游客争相与之攀谈与合影，这充分体现了纽约的开放与包容。

◆时代广场上的街头艺人

◆时代广场上的妙龄女郎

☆ 纽约是一个华人集中的城市

说起 452 万（2015 年的数据）美国华人，主要集中于纽约和加州的旧金山、洛杉矶等城市。几个世纪以来，华人在这里落地生根，在纽约就已经形成了三个唐人街。从波士顿到纽约我们乘坐的就是华人开的巴士，由于竞争激烈，巴士价格也不高，我们只花费了 18 美元，而更便宜的

◆纽约唐人街

只需 12 美元，由于是晚上到达纽约我们没有选择乘坐。巴士停靠的第一站是华人集中的皇后区的法拉盛，第二站就是曼哈顿的唐人街，而巴士的乘客，基本上都是华人，恍惚间，我们还以为到了中国呢！时值中午，唐人街上可以看到大量的中国人，他们的商铺摆放也有着强烈的中国特色，他们常常喜欢把摊位伸出门外，这样虽然方便了顾客，却显得很凌乱。第一次来纽约，我们有点不适应，甚至摸不清方向，幸亏有一位华人大妈帮忙，她热情地带着我们去买票，转乘地铁，让我们终于安全抵达住宿地，真的很感谢她，她是我们在纽约遇到的第一位好心的华人！而我们租住的房东也是一位华人，而且还是一位独自带着三个孩子的年轻妈妈，想必华人在美国真的生存不易啊！后来，在乘地铁中，我们也得到了一些华人的帮助，这是后话了。总之，大家都是华人，在异国他乡得到他们的帮助，我们倍感亲切！

☆ 纽约是一个交通发达的城市

纽约的公路系统十分完善，四通八达的公路为小汽车、长途巴士、公交等提供了方便；而航空业更是繁忙而发达，这里有三个飞机场，使纽约成为世界上吞吐量最大的城市之一；它的铁路系统很完善，有火车、地铁等，特别是地铁，它可以把你带到纽约的任何一个景点，在纽约的三天时间里，我们几乎全部依靠地铁，这也是我们此行独特的体验吧！

但是纽约的地铁极其陈旧，环境也是脏乱昏暗，甚至经常停运，周末与平时地铁班次还不一样，有些站周末还会关闭，地铁线路错综复杂，这些都给我们这些初来乍到者造成了不少困扰。一开始，我们对地铁路线的标号也没弄清，原来 M1、M2……不是地铁是公交。而一旦地铁出故障，我们就会不知所措，有一次我们竟转来转去在地铁中困了 40 多分钟；还有一次，我们不知道转乘站地铁周末停开，结果傻等了半天，幸亏一位在地铁中拉小提琴的华人大叔的提醒，我们才知道需要乘坐另一线路的地铁到上一站，才能转乘我们需要的线路。

☆ 纽约是一个文化的大都会

最能体现文化气息的是这里有大量的博物馆、艺术馆、美术馆、图书馆；有著名的常春藤大学联盟——哥伦比亚大学及纽约大学等。原来我们计划去参观哥伦比亚大学，但由于时间太紧，加上听说那里的治安不佳，只好放弃了。但是大都会博物馆却是我们不会错过的景点，因为它是与法国的罗浮宫、英国的大英博物馆齐名的世界著名的三大博物馆之一。这里藏品丰富，有着来自世界各个角落，具有 5000 多年历史的艺术品。博物馆有三层和一个夹层，既有现代艺术品也有古代艺术品，既有本土的艺术品区也有来自欧洲、非洲、大洋洲、美洲、亚洲等的艺术品区。而给我印象最为深刻的是欧洲绘画展区，作品时间跨度是 1250—1800 年，这里珍藏了很多世界名画，特别是毕加索、莫奈、梵高等世界绘画大师的作品，让人受到莫大的艺术熏陶，那一幅幅风景画、家庭生活画、肖像画栩栩如生，让人对他们高超的绘画功底敬佩不已！另一处就是亚洲展区了。这里展出了大量中国的文物，很多都是我第一次目睹，我们一方面感叹中国古代艺术之高超，不愧为世界文明古国，另一方面在心里纳闷：美国人是如何得到这些文物的？特别是那些长卷山水画，四季更替的农事图，还有大幅壁画、巨型碑刻，它们又是如何漂洋过海、流落到异国他乡的？当然，艺术是人类共同的财富，艺术是无国界的，但愿这些艺术作品能给人们带来新的启迪和希望！

◆大都会博物馆的世界名画

◆大都会博物馆的精美雕塑

- ★纽约是世界上最著名的大都会之一，旅游景点众多，建议自助游，但一定要提前规划好线路，合理安排时间；
- ★在纽约自助游可选择住在皇后区，这里华人较多，治安较好，房价相对较低；
- ★在纽约自助游最好选择乘坐地铁，但要注意地铁的时间表，一般周末、节假日部分线路、地铁站点停运；
- ★游览大都会博物馆，票价较高，成人25美元，学生12美元，但可以考虑获取募捐票，你只需捐献2美元以上即可进入馆内参观。

匹兹堡畅想

转眼间，我在美国匹兹堡工作、学习和生活了近一年的时间，当我熟悉了这里的山山水水，这里的一草一木，这里的人，这里的事，我却要离开了。当然，我将回到朝思暮想的家乡——武汉，那里有我熟悉的环境，有我的家人和工作。但是匹兹堡的一切，我怎能忘记？它在我的生命中留下了重重的一笔，它让我几多回味，几多联想！我无法用言语形容我对它的爱，对它的思念……

★★★

匹兹堡的秋天

☆ 匹兹堡的秋天是温和的

从 9 月 1 日到 11 月 3 日，从初秋到深秋，匹兹堡大部分时间是晴朗的，湛蓝的天空中飘着朵朵白云，人的心情也变得“晴朗”起来。间或有些微风，也是柔和的，微风吹在脸上让人舒服而恬静，树叶也会摇曳生姿。间或来场暴雨，但来得快，去得也快，雨后的天空更加美丽，更加洁净，树木和草坪经过雨水的洗礼，也更加鲜活可爱了。间或乌云密布，天空顿然变得暗淡了，但太阳还是会时不时露出头来，展现她温和的笑脸。

☆ 匹兹堡的秋天是多彩的

记得我初到匹兹堡时，迎接我的是满眼的绿色。我看到最多的是草坪，我发现美国人是那样狂热地喜爱草坪，我住所附近几乎每家每户都有大片的草坪，而在这草坪之上自然也会点缀一些灌木和乔木，当然它们大部分也是绿色的。但是到了 10 月份，我惊喜地发现，匹兹堡变了，变得异常美丽，色彩斑斓。正所谓金秋十月，秋高气爽，匹兹堡的秋天，又怎能辜负这大好时节？每天清晨，当我走在去学校的路上，很多树叶开始变黄，然后变红，再加上各种花卉的点缀，红的，黄的，绿的，棕色的……大

◆深秋的红叶

自然就像一个调色板，突然让匹兹堡变得如此多彩！当秋风吹拂，缤纷的树叶纷纷落在绿色的草坪上，草坪也变得如此迷人！如此美丽而迷人的秋天，又岂是我用言语能表达出来的？我只是觉得，当我感到郁闷时，走在这多彩的秋天，我会瞬间忘掉烦恼，忘掉忧愁。

☆ 匹兹堡的秋天是可爱的

说到可爱，首先是草坪，她可是美国人的最爱，我所住的月亮镇是一个比较富裕的地区，这里几乎家家户户都有大片的草坪，主人用石头、木条、鲜花，甚至用各种小布件来装扮它们，让草坪变得有生气。每每看到主人在草坪上捡拾落叶，看到他们推着割草机在太阳底下劳作，我都有种莫名的感动。当然，也有一些家庭会请专业公司来修剪，看着工人们挥汗如雨，我不禁感叹，草坪的美丽也是要人们呵护呀！

◆草坪上的落叶

其次，在草坪之上，是一簇簇形态优美的灌木和一棵棵高大笔直的参天大树，它们傲然挺立在草地之上，为主人遮风挡雨。为什么它们看起来如此枝繁叶茂，有着如此圆润的形态?我一直很纳闷，终于有一天，我知道了答案，原来这是园林公司的杰作，他们利用专业工具，除去多余的树枝，当然这些树枝不是随便丢弃，也不是随便拉走了事，他们会把它们打碎运走留作他用，我不得不佩服这种高度的机械化和专业化。而经过精心打理后的树木，春去秋来，树叶从绿变黄，然后变红，它们装扮着主人的家园，也装扮着匹兹堡的秋天！

绿树草坪上各种小动物才是匹兹堡秋天的小可爱！司空见惯的小鸟自不必多说，难得的是这里随处可见可爱的小松鼠与早晨和晚上才出来觅食的黄鹿，这些草坪和松树为它们提供了丰富的食物。你看，它们长得多么圆润可爱！这些动物都不怎么害怕人类，它们与人类和谐共处，共享同一个美丽的家园！

◆ 可爱的小松鼠

◆正在家门口觅食的黄鹿

鲜花，人人都爱。美国人爱草胜于爱花，鲜花是草坪的点缀品。在花匠们的精心打理下，校园的鲜花造型各异，五彩缤纷。每天走在校园里，我都忍不住要多看几眼，甚至会去嗅嗅。

◆秋天的校园

匹兹堡的秋天如此美丽，如此醉人！联想到在我的家乡，如果要想欣赏这美丽的景致，我们需要开车远行，比如，到湖北安陆的钱冲，你可以去赏银杏；到湖北大悟、罗田，你可以去赏乌桕，但是在这里我每天生活在这美丽的景致之中，它让我在惆怅之余感到欣慰，感到幸福。也许回国之后，我会时时想起你，匹兹堡美丽的秋天！

匹兹堡的冬天

匹兹堡的冬天来得有点早，11 月 4 日早上起来，透过窗户，发现外面白茫茫的一片，一场雪不期而至。才 11 月份啊！怎么就开始下雪了呢？这在武汉是不可想象的。

☆ 匹兹堡的冬天很冷

昨天我还沉浸在秋天的余韵中，秋高气爽的日子让人觉得生活是如此美好，特别是中午的阳光毫不吝啬地洒在身上，暖融融的。很多树木仍然生机盎然，很多地方仍然是红叶当道，煞是可爱。

然而今天雪却突然降临，它给人们带来了惊喜，在朋友圈里，很多朋友发了状态。所谓瑞雪兆丰年，这可是好兆头！但是不是也预示着冬天真的来临了？一场雪两天也没能融化，气温骤降，室内暖气的温度开得也比平时高了。走在街上，寒风开始有点刺骨了。

冬天真的来了，一切开始凋零，曾经繁茂的大树失去了往日的光彩，剩下的是枯藤老树以及昏鸦，天空也失去了往日的光彩，风和日丽的日子越来越难得一见，每天多是乌云密布，间或下着小雨，小雪子，甚至小雪、中雪、大雪。天渐渐变冷，一阵阵寒风让人不得不竖起衣领，戴上帽子，穿上厚厚的冬装。小动物很少露脸了，难道它们开始冬眠了？当然，天上也会偶尔飞来一些鸟儿，发出悲悯的声音，述说着它们生活的艰辛，好像就是那乌鸦发出的声响，这不禁让我有些凄凉的感觉。

◆冬天凋零的老树

匹兹堡的纬度虽然与北京差不多，但冬天的气温却比北京低，我长期生活在四季分明的武汉，这一年的冬天对我来说可真是一个挑战啊！据说 12 月还不是最冷，1 月、2 月才是最冷，好担心啊！

2017 年的新年来了，又一场大雪不期而至。只觉寒风刺骨，只要是身体露在外面的部位都感到很冷，我可是第一次经历这么寒冷的冬天啊！四天过去了，每天太阳照常升起，但积雪纹丝不动，仰望天空，空气清新，蔚蓝色的天空飘着白云，美极了，但也冷极了！

☆ 匹兹堡的冬天阴晴不定

匹兹堡的冬天大多数时间都很阴冷，气温常常在零度以下，寒风刺骨；少数时间风和日丽，晴空万里；也有时是阴雨绵绵，但是很少下大雨。大街上是行色匆匆的人们，他们打着伞，伞是超大型的！是因为美国人长得人高马大吗？但大多数人都不爱打伞，这时帽子就派上了用场。有时候一场雪不期而至，这不，又一场大雪来临，地上马上就是白皑皑的一片。但总是生活在这样的天气里，让人有点压抑，有点心烦。

☆ 匹兹堡的冬天好漫长

一场接一场的降雪，让匹兹堡的天空更加洁净，也让气温始终在零度左右徘徊，都三月中旬了，怎么还是这么冷？想起故乡正是春暖花开的时候，朋友们天天在看花赏花，而我天天看到的却是雪花。在这异国他乡，一股思乡之情油然而生，水还是故乡的甜，花还是故乡

◆匹兹堡的雪景

的香啊！

匹兹堡的冬天仍然在延续，现在已经是阳历四月了，所谓“人间四月芳菲尽”（当然，这里指阴历），而这里还是寒冷异常，大多数人仍穿着厚厚的冬衣，下场小雪，匹兹堡的冬天什么时候是个尽头？

◆家门口的雪

☆ **匹兹堡的冬天有些单调**

在这样的单调的季节里，是不是应该找点乐子呢？好在这里的活动还是挺多的。除了学习，逛街，购买生活用品，我参加了包饺子、徒步、游戏、周末旅行、华盛顿之旅、复活节、烹饪课等，一系列活动让我结识一些朋友，学习了英语，充实了生活，也让我在这异国他乡度过了这难熬的冬天。

最后用一句话勉励自己：冬天来了，春天还会远吗？我对未来充满了希望。

匹兹堡的春天

匹兹堡的春天的脚步似乎越来越近，漫长的冬天快要结束了，但是，天气就像小孩儿的脸，反复无常，阴晴不定，一时风和日丽，一时阴雨绵绵，甚至突然飘起雪花，好一个让人心急的春天！遥望祖国大地，冬去春来，春暖花开，一片生机盎然，怎不让人怀念？

春天来了，爱美的姑娘们早早地穿上裙子，小伙子们穿上了短裤，但一场阴雨又让气温降了好多。一些树木和花草也上了当，一场雨雪让他们又重新回归休眠。

匹兹堡的春天来得有点晚，树枝开始露出嫩嫩的叶芽，有些花迫不及待地开放了，水仙花、连翘花和迎春花……关于连翘花和迎春花，过去我傻傻地分不清，这回在一位中医药教授的指导下，终于弄清了，四瓣的是连翘花，六瓣的是迎春花，但远远望去，它们都是黄灿灿的一片，煞是好看。

◆四瓣的连翘花

温暖的春天的终于来了，气候一天天变暖，花儿竞相开放，郁金香、迎春花、兰花、杜鹃、樱花，还有道路两旁行道树，开着白色的花，它们装点着匹兹堡，让匹兹堡越来越美。

◆道路两旁的树开花了

除了竞相开放的花儿，春天里让人心醉的还有绿色和蓝色。在风和日丽的日子里，我来到附近的谢利公园（Sheley Park），啊！满眼的绿色，放眼望去，草坪是绿的，各种树木都披上了绿装。深深地吸口气，难得的春天的味道！仰望天空，没有一片云彩，天是那样的蓝，蓝得那样深邃！

这么美丽的春天，如何赞美都不为过，我将如何留住你的脚步？

◆匹兹堡湛蓝的天空

◆春意盎然的公园

匹兹堡的夏天

匹兹堡的夏天在不知不觉中已经来临，昨天似乎还是有点寒意的春天，今天就进入盛夏了，但匹兹堡的夏天有点特别。

☆ 匹兹堡的夏天阴晴不定

匹兹堡的夏天阴晴不定，乍暖还寒。一天的天气时常变化，刚刚还是艳阳高照，马上就乌云密布，接下来是倾盆大雨，然后又是晴空万里。当然，匹兹堡的雨下得不会太久，一般持续半个小时。当天气阴沉，下着大雨时，你会感觉到冷气逼人，而当天气转晴时你又会热得汗流浃背。匹兹堡的夏天就是这样，习惯了就好。当然，这里的排水系统非常完善，几乎没有滞水现象，当太阳出来时，地面上丝毫没有留下雨水的痕迹，树木和花草更加葱郁，也更加娇艳与鲜活了。

☆ 匹兹堡的夏天生机盎然

在匹兹堡，无论是大街小巷，房前屋后，还是周边的公园，到处是一片生机勃勃的景象，绿色的树木，绿色的草地，加上房屋主人和园丁们精心布置的花卉，红的、白的、黄的、紫的，橙的、青的、蓝的……姹紫嫣红，你走在路上都会忍不住想去瞧瞧，想去抚摸。你会发现，在这盛夏时节，匹兹堡到处是鲜花盛开，它们把匹兹堡的夏天装扮得分外美丽。

◆匹兹堡路边的花卉

◆匹兹堡庭院内的花卉

☆ **匹兹堡的夏天热情似火**

自从我从月亮镇搬到奥克兰以后，我就深深地感受到了匹兹堡人的热情。通过参加教会组织的一些活动，我不仅结识了一些来美访问的朋友，也结识了一些当地的美国朋友，还多次到美国朋友家里做客，受到他们的盛情款待。特别是我即将返回中国之时，屠教授请我吃饭为我饯行；杨老师专门陪我去奥特莱斯购物；华人教堂的瑞基和康妮（Ridge & Connie）夫妇专门请我到他们家吃饭，还送书给我留作纪念。伯尔菲尔德教堂（Bellefield Church）的斯考特（Scot）先生组织国际学生到一个美国朋友家里参加家庭聚会，耶稣升天教堂（Ascension Church）的露安（LuAnn）老师组织国际学生参加乡村音乐会，这两次聚会让我第一次享受到美国乡村舞会的乐趣，等等，这一切都让我难以忘怀，让我感受到了匹兹堡人的热情与友好！

◆友好的美国朋友

◆乡村舞会

☆ 匹兹堡的夏天透着离别的伤感

从去年（2016 年）9 月 1 日到今年（2017 年）7 月 20 日，我在匹兹堡度过了 10 个多月，经历了春夏秋冬四季的变化，认识了许多朋友，已经熟悉了这里的街道，熟悉了这里的超市与商店，熟悉了这里的公园与名胜，周边的大学、博物馆、植物园、动物园、公园和教堂等都留下了我的足迹，我渐渐地喜欢上了这个地方，喜欢上了这里的人与事，喜欢上了这里的一草一木，但是现在我就要离开了，离开这个我生活了 10 个多月、在我生命中占有重要位置的地方，怎能不让人伤感呢？什么时候才能再回到这里，也许几年之后，也许永远也不会再回来了。

匹兹堡的夏天，一个让我回味无穷的季节！匹兹堡，一个让我终生难忘的地方！

◆匹兹堡动物园一景

特别注意

★ 匹兹堡是一个以科技、文化教育、医疗、体育为特色的城市，这里有两所名牌大学：匹兹堡大学（University of Pittsburgh）和卡内基梅隆大学（Carnegie Mellon University），匹兹堡是全美治安最好的城市之一，多次被评为全美最适宜居住城市，建议在此逗留至少三天。

★匹兹堡旅游最好的季节是春秋两季，冬季寒冷，气温较低，最低气温可达 −20℃，夏季炎热，紫外线强烈。

★ 匹兹堡的主要景点包括寻道教堂（Cathedral of Learning）、卡内基自然历史博物馆(Carnegie Museum of Natural History)、卡内基美术馆(Carnegie Museum of Art）和弗里克美术与历史中心（Frick Art & Historical Center）、华盛顿山、城市之角、匹兹堡植物园、流水别墅、谢利公园等，其中城市之角最具特色，这里是阿勒格尼河、莫农加希拉河与俄亥俄河（密西西比河的支流）的交汇处，华盛顿山是观赏匹兹堡夜景的最佳之处。

★ 匹兹堡是美国著名的“桥之城”，观赏桥梁也是匹兹堡旅游的一项重要内容。有关统计表明：全城境内共有 446 座桥，市中心跨越三条大河的桥就有 40 多座。不仅数量多，而且种类也多，平板桥、斜拉桥、吊桥、钢梁桥等都有，这些桥梁也是匹兹堡曾经作为世界钢铁之都的历史见证。

★ 匹兹堡是一个典型的体育之城，匹兹堡的三大体育项目——美式足球、棒球和冰上曲棍球在全美职业赛中都取得了骄人的成绩，与这三大体育项目相关的产品都成为最有特色的匹兹堡旅游纪念品。

★ 拥有超过百年历史的匹兹堡交响乐团是美国著名的交响乐团之一，在国际上也享有很高的声誉。匹兹堡交响乐团已经成为匹兹堡文化的一个不可或缺的组成部分。到匹兹堡听一场音乐会，只需 12 美元（优惠价），就可享受一场不可多得的艺术盛宴。

★ 匹兹堡教堂众多，气势恢宏，且各具特色。参观教堂，了解宗教文化，也是一个重要选择。

★ 游览匹兹堡可乘坐城市观光车，也可乘坐游船进行河上观光。

★ 匹兹堡与中国武汉、许昌是友好城市。这里的中国学生和访问学者较多，中美经贸活动比较频繁，这里绝大多数美国人对中国比较友好，初来乍到的中国人到此旅游基本没有陌生感。